NIMMERTAL 75 / DRITTER BAND
SCHRIFTENREIHE DES ANTIQUARIATS
WIMBAUER BUCHVERSAND

In dieser Reihe sind bisher erschienen:
|1 **Tobias Wimbauer**: Landschaften im inneren Vorbeifahren: Aus den Traumtagebüchern 1995-2016 (August 2016) | **2 Friedrich Helms**: Wilhelmshorst und Uelzen 1948/1949 (August 2016) |**3 Marie Curie**: Selbstbiographie (September 2016)|

Marie Curie

Selbstbiographie

Mit einem Vorwort von Tobias Wimbauer

Deutsche Übersetzung: Aküdo. Erschien zuerst 1962 bei B.G. Teubner zu Leipzig/DDR. Diese Neuausgabe im Rahmen der Schriftenreihe *Nimmertal 75* erscheint mit freundlicher Genehmigung von Aküdo/Köln.

Titelbild: Marie Curie um 1920, Urheber unbekannt, das Bild unterliegt der Creative-Commons-Lizenz (Creative-Commons-Lizenz „Namensnennung 4.0 international".) Quelle:
https://commons.wikimedia.org/wiki/File:Marie_Curie_c1920.jpg?uselang=de

1. Auflage dieser Ausgabe: 2016
© 2016 Tobias Wimbauer, Nimmertal 75, 58091 Hagen
www.wimbauer-buchversand.de

Alle Rechte vorbehalten
Herstellung und Verlag: BoD – Books on Demand, Norderstedt
Printed in Germany
ISBN 9783741284717

Vorwort

Die Begeisterung für die Physik hat mich spät erst gepackt. In der Schule war mir das Naturwissenschaftliche fremd geblieben und erst als mich meine Frau immer wieder darauf stiess, dass eigentlich alle meine Fragen, die ich bisher an die Philosophie zu stellen gewohnt war, in der Physik beantwortet werden, oder wenigstens mit soliderer Fundierung erörtert werden als in den blossen Geisteswissenschaften, begann meine Beschäftigung mit der Physik. Wie bei allen mir neuen Gebieten, näherte ich mich dem Thema vor allem biographisch und von Lektüre zu Lektüre wuchs das Verständnis auch für das naturwissenschaftlich Theoretische darin.

Eine der lesenswertesten autobiographischen Schriften der Physikgeschichte ist die *Selbstbiographie* von Marie Curie. Diese ist seit einem halben Jahrhundert nicht mehr lieferbar und ist nur selten noch antiquarisch zu finden. Das passt gewissermassen zur ungeheuren Bescheidenheit der Verfasserin, ist jedoch ihrem Rang und ihrer Bedeutung völlig unangemessen.

Die Übersetzung wurde damals vom leipziger Akademischen Übersetzungs- und Dolmetscherdienst (AKÜDO) vorgenommen, deren Rechtsnachfolger (AKÜDO Köln) hat freundlicherweise einer Neuausgabe in meiner Reihe *Nimmertal 75* zugestimmt, wofür ich herzlich danke. Der vorliegende Text folgt der Ausgabe von 1962.

Die Versuchung lag nahe, die Jahre von der Niederschrift des vorliegenden Büchleins bis zum Tode der Marie Curie 1934 mit Briefen und Dokumenten zu vervollständigen, doch sind diese ja weithin für den Leser verfügbar – etwa die vielen Briefe, die in der populären Biographie von ihrer Tochter Eva Curie wiedergegeben sind, sodass es hierzu keine Notwendigkeit gab.

Auch sind einige Sachverhalte und Geschehnisse nur sehr knapp geschildert, die einer ausführlicheren Darstellung wert gewesen wären, sei es der plötzliche Unfalltod Pierre Curies, oder die Umstände der Parisaufenthalte der Geschwister Curie, doch hat das vorliegende Büchlein gar nicht den Anspruch einer vollständigen und das Thema erschöpfenden Biographie. Vielmehr soll Curies Selbstbiographie die ihr eigene Auffassung ihres Lebens zeigen, als Ergänzung der einschlägigen Literatur über Marie Curie.

Curies Autobiographie bedurfte keiner Ergänzung. Der Text steht für sich selbst. Die Strahlkraft (sic) dieser tapferen Frau hat auch nach hundert Jahren nichts eingebüsst, und ihre selbstlose Leidenschaft für ihre Wissenschaft, die Bescheidenheit bezüglich der eigenen Person und ihr sozialer, politischer Einsatz und tiefer Humanismus ist so aktuell wie zu Curies Lebzeiten.

Tobias Wimbauer

Nimmertal, im Sommer 2016

Einige Freunde haben mich gebeten, die Geschichte meines Lebens zu schreiben. Der Gedanke erschien mir zunächst sonderbar, doch ich gab den Überredungen nach. Ich könnte jedoch in meinem Lebenslauf nicht sämtliche persönlichen Gefühle beschreiben oder eine genaue Aufzeichnung sämtlicher im Gedächtnis behaltener Dinge geben. Im Laufe der Zeit verändern sich viele unserer Gefühle. Sie verblassen und können uns ganz fremd erscheinen. Die Ereignisse verlieren ihren Wert, und man erinnert sich an sie, als ob sie jemand anderen betroffen hätten. Es kann jedoch im Leben eine gewisse allgemeine Richtung, einen gewissen ununterbrochenen Faden, abhängig von wenig leitenden Gedanken und wenigen starken Gefühlen geben, die das Leben erläutern und die betreffende Persönlichkeit des Menschen bestimmen. Aus meinem Leben, das im allgemeinen nicht einfach war, wählte ich nur das Wichtigste und die Grundumrisse in der Meinung, daß dies ausreichen wird, um die Atmosphäre, in der ich lebte und arbeitete, zu verstehen.

Ich wurde in Polen geboren. Mein Geburtsname lautet Skłodowska. Die Eltern entstammen dem kleinen Adel. In meiner Heimat gab es häufig bei dieser gesellschaftlichen Klasse viele miteinander verwandte Eigentümer kleiner und mittlerer Grundbesitze. Von allein aus dieser Schicht ging bis vor kurzem die polnische Intelligenz hervor.

Mein Großvater väterlicherseits wandte sich von der Landwirtschaft ab und widmete sich dem pädagogischen Beruf, den er überwiegend in der Provinz, zuletzt als Direktor des Gymnasiums in Lublin, ausübte. Mein Vater, Władysław, arbeitete nach Abschluß des Studiums an der Petersburger Universität (in dem vom zaristischen Rußland annektierten Landesteil Polens gab es damals keine Hochschulen) als Physik- und Mathematiklehrer in staatlichen Oberschulen wie auch in Privatschulen. Er heiratete Bronisława Boguska, eine junge Frau, die eine für damalige Zeiten sehr gründliche Schulbildung besaß. Sie war Leiterin einer der besten Mädchenschulen in Warschau.

Beide liebten ihren Beruf sehr und blieben bei Schülern und Schülerinnen des ganzen Landes immer in guter Erinnerung. Heute noch – so oft ich in Polen weile – begegne ich Menschen, die mit Rührung von meinen Eltern sprechen.

Obwohl meine Eltern in die Stadt zogen, unterhielten sie sehr herzliche Beziehungen mit der zahlreich auf dem Lande verbliebenen Verwandtschaft. Daher habe ich oft meine Ferien bei Verwandten auf dem Lande verbracht. Frei und ungezwungen konnte ich das Leben auf dem Dorfe kennenlernen, das mich sehr anzog.

Diesen Ferien, die sich so sehr von einem üblichen ländlichen Sommeraufenthalt unterschieden, verdanke ich meiner Meinung nach meine Verbundenheit mit dem Land und der Natur.

Als letztes der fünf Kinder wurde ich am 7. November 1867 in Warschau geboren. Da die älteste Schwester in ihrem fünfzehnten Lebensjahr gestorben war, blieben wir zu viert – drei Schwestern und ein Bruder – zurück. Verzweifelt über den Verlust der Tochter und erschöpft durch eine langwierige Lungenkrankheit verstarb unsere Mutter im Alter von 42 Jahren. In tiefster Trauer hinterließ sie ihren Mann und die Kinder. Ich war damals erst 9 Jahre alt und mein ältester Bruder war kaum 13 Jahre.

Dieser Schlag war der erste ernste Kummer und die erste große Verzweiflung in meinem Leben. Meine Mutter war eine ungewöhnliche Frau. Neben hervorragender Intelligenz besaß sie ein großes Herz und unbeugsames Pflichtgefühl. Trotz ihrer ungewöhnlichen Nachsicht und Güte erfreute sie sich in der Familie einer hohen Autorität. Sie war sehr fromm (beide Eltern waren katholisch), aber doch gleichzeitig tolerant.

Sie war zu allen gleich freundlich, selbst zu denen, die ihre Ansichten nicht teilten. Ihr Einfluß auf mich war sehr groß, da die natürliche Liebe zur Mutter sich mit einer leidenschaftlichen Bewunderung verband.

Durch den Tod seiner Frau sehr niedergeschlagen, widmete sich mein Vater gänzlich seiner Arbeit und der Sorge um unsere Erziehung. Die beruflichen Pflichten ließen ihm jedoch nur wenig Freizeit übrig. Über lange Jahre hin empfanden wir alle den schweren Verlust derjenigen, die die Seele unseres Heimes war. Sehr frühzeitig fingen wir alle an zu lernen; ich war kaum 6 Jahre alt. Als die Jüngste und Kleinste in der Klasse wurde ich häufig im Unterricht bei verschiedenen Schulinspektionen zur Beantwortung von Fragen aufgefordert. Es waren für mich harte Proben, da ich sehr schüchtern war. Ich hatte dann immer Lust, davonzulaufen und mich zu verstecken.

Der Vater war ein ausgezeichneter Erzieher. Für unser Lernen interessierte er sich sehr, und er verstand es, uns immer anzuleiten. Doch die Erziehungsbedingungen waren sehr schwer. Meine Schwester und ich begannen den Unterricht in Privatschulen und beendeten ihn in staatlichen Schulen.

Warschau war damals unter zaristischer Herrschaft. Der auf die Schule und die Kinder ausgeübte Druck war in dieser Zeit besonders stark. Die von Polen geleiteten Privatschulen wurden von der zaristischen Polizei scharf überwacht und durch den Unterricht in der russischen Sprache für die Kinder, die ihre Muttersprache noch nicht völlig beherrschten, sehr überlastet. Da aber fast das gesamte Lehrpersonal polnisch war, bemühten sich die Lehrer, in jeder möglichen Weise die durch die nationale Verfolgung gegebenen Bedingungen zu erleichtern.[1] Staatlich

---

[1] Seit dem Wiener Kongreß von 1815 gehörte der größte Teil Polens als »Königreich Polen« (auch »Kongreßpolen« genannt) zum russischen Zarenreich. Der russische Zar war gleichzeitig König von Polen. Zwei große Aufstände (1830/31 und 1863/64), in denen das polnische Volk seine nationale Unabhängigkeit zurückerobern wollte, wurden blutig niedergeworfen. Das

anerkannte Zeugnisse konnten von den Privatschulen nicht ausgestellt werden; das war allein das Vorrecht der staatlichen Schulen. Diese waren aber vollständig in zaristischer Hand, und ihre Führung stand in völligem Gegensatz zum polnischen Nationalgeist. Sämtliche Fächer wurden in russischer Sprache unterrichtet. Die Lehrer waren meistens Russen, die den Polen feindlich gesinnt waren und dementsprechend ihre Schüler behandelten. Von den intellektuell und moralisch hochstehenden russischen Lehrern erklärte sich kaum jemand bereit, in den Schulen zu unterrichten, in denen sie gezwungen waren, gegen ihre Grundsätze zu handeln. Der Wert des Unterrichtes war unter diesen Umständen zweifelhaft und die Atmosphäre in der Schule direkt unerträglich. Die ewig verdächtigten und bespitzelten Kinder wußten genau, daß eine Unterhaltung in polnischer Sprache oder ein unvorsichtiges Wort nicht nur ihnen selbst, sondern auch ihren Eltern ernstlich schaden könnte. In der feindlichen Umgebung verloren sie ganz die Freude am Leben, und das frühzeitige Gefühl des Mißtrauens und der Empörung legte sich wie ein Alpdruck auf ihre Kindheit. Diese anomalen Entwicklungsbedingungen haben andererseits die

---

polnische nationale Eigenleben wurde unterdrückt. Die anderen polnischen Länder standen unter österreichischer und preußisch-deutscher Fremdherrschaft.
Erst im Ergebnis der Großen Sozialistischen Oktoberrevolution wurde Polen das Recht auf nationale Selbstbestimmung zuerkannt. (Anm. d. Verl. d. dt. Ausgabe von 1962.)

patriotischen Gefühle der polnischen Jugend im höchsten Grade angeregt.

Und doch habe ich aus diesem Zeitraum der frühen Jugend, die von Trauer und Unterdrückung überschattet war, bis zum heutigen Tag so manche freudige Erinnerung. Besuche der Verwandten und Freunde brachten in unser ruhiges und arbeitsames Leben etwas Freude. Unser Vater interessierte sich sehr für die Literatur. Ausgezeichnet kannte er sowohl die polnische als auch die ausländische Dichtkunst. Er übersetzte Gedichte aus anderen Sprachen und schrieb selbst welche. Seine kurzen Gelegenheitsverse begeisterten uns. An den Samstagabenden rezitierte er auswendig oder las uns Meisterwerke der polnischen Poesie und Prosa vor. Diese Abende bereiteten uns viel Freude und entwickelten unsere patriotischen Gefühle.

Von Kindheit an liebte ich die Poesie und lernte sogar lange Werke oder Abschnitte aus den Werken unserer großen Dichter auswendig. Zu den beliebtesten gehörten Mickiewicz, Krasiński und Słowacki. Das Interesse für die Dichtkunst entwickelte sich noch stärker, nachdem ich Fremdsprachen beherrschte. Frühzeitig begann ich nämlich, Französisch, Deutsch und Russisch zu lernen.

Schnell fand ich an der schöngeistigen Literatur dieser Sprachen Gefallen. Später lernte ich auch Englisch und wurde mit der englischen Literatur bekannt.

Musikunterricht hatte ich nur kurze Zeit. Unsere Mutter war musikalisch und hatte eine schöne Stimme. Sie wünschte, daß wir die Musik kennenlernten. Als nach dem Tode der Mutter die Anregung zur Musik ausblieb, habe ich den Musikunterricht aufgegeben, was ich später mehrfach bereute.

Mathematik und Physik im Umfang des Schulunterrichtes fiel mir leicht. Mein Vater liebte diese Fächer und unterrichtete sie. Er benutzte jede Gelegenheit, um uns etwas auf dem Gebiet der Naturwissenschaft zu erläutern. Leider besaß er selbst kein Labor und konnte keine Versuche machen.

Die Ferien waren stets besonders angenehm. Wir konnten uns der strengen polizeilichen Überwachung in der Stadt entziehen, indem wir bei Verwandten und Freunden auf dem Lande Zuflucht suchten. Dort verlief das Leben frei, in alter ländlicher Weise; dort erwartete uns das Herumlaufen im Walde und die fröhliche Beteiligung an landwirtschaftlicher Arbeit auf den weiten Feldern und Wiesen. Manchmal verließen wir das russische Annexionsgebiet und begaben uns nach dem Süden in die Gebirgsgegend von Galizien, wo die Unterdrückung (durch Österreich[2]) nicht so lästig wie bei uns war. Dort durfte man

---

[2] Galizien gehörte schon seit der ersten polnischen Teilung 1772 zum österreichischen Nationalitätenstaat. Der östliche Teil war bereits früher überwiegend von Ukrainern bewohnt, die vom polnischen Adel unterdrückt wurden. Nach der Annexion Galiziens änderte die österreichische Verwaltung nichts an diesem Zustand und sicherte sich mit Hilfe der Herrschaft des polnischen Adels über die Ukrainer ihre eigene Herrschaft über das ganze Land. Daher genossen die Polen in Galizien eine relativ weitgehende nationale Autonomie. (Anm. d. Verl. d. dt. Ausgabe von 1962.)

völlig frei polnisch sprechen und patriotische Lieder singen, ohne eine Gefängnisstrafe befürchten zu müssen.

Mein erster Eindruck von den Bergen war sehr stark. Erzogen auf dem Flachland, war ich begeistert von den Tatra-Dörfern, von dem Blick auf die Berggipfel, von den Ausflügen in die Täler und zu den hochliegenden Seen mit den so bildlichen Namen wie »Morskie Oko« (Meeresauge). Doch immer blieb mir der weite offene Raum und der Anblick der flachen oder leicht welligen Landschaften lieb und teuer.

Später hatte ich Gelegenheit, mit meinem Vater die Ferien in Podolien zu verbringen und erstmalig das Meer in Odessa, ein anderes Mal – wiederum gemeinsam mit meinem Vater – die Küste der Ostsee zu sehen. Doch erst in Frankreich lernte ich die großen Wellen des Ozeans und den ewigen Wechsel von Ebbe und Flut kennen. Mein ganzes Leben lang habe ich mich über die neuen Schönheiten der Natur wie ein kleines Kind gefreut.

So verging unsere Schulzeit. Wir alle waren sehr begabt. Mein Bruder, Josef Skłodowski, wurde nach Abschluß seines medizinischen Studiums Oberarzt an einem der wichtigsten Warschauer Krankenhäuser. Meine Schwestern und ich wollten uns – nach dem Beispiel der Eltern – der pädagogischen Tätigkeit widmen. Die älteste, Bronisława, änderte später ihre Absichten und beschloß, Medizin zu studieren. Nachdem sie ihr ärztliches

Diplom an der Pariser Universität erhalten hatte, heiratete sie in Paris den polnischen Arzt Kazimierz Dłuski. Einige Jahre später gründeten die beiden ein großes Sanatorium in dem wunderschönen Gebirgsort Zakopane, das sich in dem damals von Österreich annektierten Landesteil befand. Meine zweite Schwester, Helene, verheiratete Szaley, arbeitete einige Jahre erfolgreich in Warschauer Privatschulen. Nach dem Kriege wurde sie an einer der staatlichen Oberschulen im freien Polen angestellt.

Ich war kaum 15 Jahre alt, als ich als beste Schülerin der Klasse das Gymnasium beendete. Die Erschöpfung durch die Anstrengungen in jenem Entwicklungsalter zwang mich zu einer fast ein Jahr dauernden Erholung auf dem Lande. Ich kehrte später nach Warschau zurück mit der Absicht, in Privatschulen zu unterrichten. Dieses Vorhaben konnte ich jedoch aus familiären Gründen nicht verwirklichen. Mein Vater war gesundheitlich nicht mehr ganz auf der Höhe, und seine finanziellen Mittel waren sehr bescheiden. Ich beschloß daher, die Stelle einer Hauslehrerin für einige Kinder auf dem Lande anzunehmen. Mit 17 Jahren verließ ich also das Elternhaus, um ein selbständiges Leben zu beginnen.

Diese Trennung gehört zu den lebendigsten Erinnerungen meiner Jugend. Schweren Herzens bestieg ich den Zug, der mich in mehreren Stunden weit wegbringen sollte von denen, die ich liebte. Bis zu meinem endgültigen Ziel war außerdem eine fünfstündige Reise mit dem Pferdegespann erforderlich. Was erwartet mich dort? Diese Frage drängte sich mir auf, als ich durch das Fenster des Abteils die weite Ebene betrachtete.

Der Vater der Familie, zu der ich reiste, war Landwirt. Die älteste Tochter war ungefähr in meinem Alter und mir deshalb, obwohl ich sie unterrichtete, mehr Freundin als Schülerin. Außerdem gab es noch zwei jüngere Kinder in der Familie, einen Sohn und eine Tochter. Mein Verhältnis zu ihnen war freundschaftlich. Nach den Unterrichtsstunden gingen wir täglich gemeinsam spazieren. Ich liebte das Dorf und fühlte mich dadurch nicht einsam. Obwohl die Landschaft nicht besonders schön war, hatte ich sie zu jeder Jahreszeit gern. Ich interessierte mich sehr lebhaft für die Landwirtschaft, bei der Methoden angewandt wurden, die in der ganzen Gegend als mustergültig galten, und lernte die einzelnen Etappen der Landarbeit und den Fruchtwechsel auf den Feldern kennen. Gern beobachtete ich die Entwicklung der Pflanzen, und jedes Pferd in den Ställen des Vorwerkes war mir bekannt. Im Winter waren die weiten, mit Schnee bedeckten Flächen nicht ohne Reiz und luden zu ausgedehnten Schlittenfahrten ein. Manchmal war der Weg schwer zu erkennen. »Paß auf den Graben auf«, rief ich dem Fuhrmann zu, »du lenkst direkt in den Graben!« – »Keine

Angst!«, erwiderte er, als wir bereits am Boden lagen. Solche Zwischenfälle belebten unsere Spazierfahrten.

Ich erinnere mich an das herrliche Haus, das wir eines Winters aus Schnee bauten, als es sehr viel Schnee gab. Wir konnten darin sitzen und die mit rosig-weißen Daunen bedeckten Flächen beobachten. Wir schlitterten auch auf dem zugefrorenen Fluß. Besorgt dachten wir an das Tauwetter; unsere Sorge galt dem Eis, das tauen könnte und so unserem Spiel ein Ende bereiten würde.

Da meine gewöhnlichen Pflichten nicht die ganze Zeit in Anspruch nahmen, richtete ich eine Klasse für die Dorfkinder ein, die unter der zaristischen Verwaltung zum Lernen keine Möglichkeit hatten.

Dabei half mir die älteste Tochter des Hauses. Kleine Kinder und ältere Mädchen, die kommen wollten, lehrten wir Lesen und Schreiben. Wir setzten polnische Bücher in Umlauf, die auch von den Eltern geschätzt wurden. Selbst diese harmlose Bildungsarbeit war gefährlich, da jegliche derartige Initiative von der Regierung verboten war und mit Gefängnis oder Verbannung nach Sibirien bestraft wurde.

Die Abende widmete ich meistens meiner eigenen Bildung. Ich hörte, daß es einigen Frauen gelungen war, auf höhere Schulen in Petersburg oder im Ausland zu kommen, und beschloß, mich vorzubereiten, um ihrem Beispiel zu folgen.

Ich hatte mich noch nicht entschieden, welches Studium ich wählen sollte. Mich beschäftigten sowohl die Literatur als auch die Soziologie und die exakte Wissenschaft. In den Jahren der einsamen Arbeit konnte ich meine Fähigkeiten und Neigungen prüfen. Ich legte mich schließlich endgültig auf Mathematik und Physik fest und traf sofort ernsthaft Vorbereitungen für die künftige Arbeit. Das Studium wollte ich in Paris absolvieren. Ich hoffte, genug Geld zu ersparen, um eine gewisse Zeit in dieser Stadt meinen Unterhalt bestreiten und dort lernen zu können.

Mein einsames Lernen war von Schwierigkeiten begleitet. Die vom Gymnasium mitgebrachten Kenntnisse waren nicht ausreichend, da sie unter dem Niveau der französischen Lyzeen lagen. Ich bemühte mich, diese Kenntnisse aus eigenen Kräften mit Hilfe wahllos gesammelter Bücher zu ergänzen, gewöhnte mich daran, allein zu arbeiten, und lernte manches, von dem ich annahm, daß es mir in der Zukunft nützlich sein könnte.

Meine Pläne mußte ich ändern, als sich meine ältere Schwester entschlossen hatte, zum Medizinstudium nach Paris zu gehen. Wir versprachen einander, uns gegenseitig zu helfen, doch unsere Mittel gestatteten keine gleichzeitige Reise. Ich verblieb so über 3 ½ Jahre in meiner Stellung. Nach abgeschlossener Vorbereitung der Schüler kehrte ich nach Warschau zurück, wo mich eine neue, der früheren ähnliche Beschäftigung erwartete.

In dieser neuen Stelle war ich nur ein Jahr tätig, da zu diesem Zeitpunkt mein Vater nach Warschau zurückkehrte. Einige Jahre zuvor war er pensioniert worden und wohnte allein. Gemeinsam verbrachten wir nun ein sehr schönes Jahr. Er befaßte sich ein wenig mit literarischen Arbeiten, während ich durch Privatstunden Geld verdiente und mich selbst weiterbildete.

Dies war unter der russischen Besetzung nicht einfach, doch gab es in Warschau größere Möglichkeiten als auf dem Lande. Zu meiner großen Freude bekam ich erstmalig im Leben Zutritt zu einem Laboratorium, einem kleinen Stadtlabor, das von meinem Vetter geleitet wurde. Ich hatte mit Ausnahme der Freizeit abends und an den Sonntagen leider nur wenig Zeit, um dort Experimente anzustellen. Gewöhnlich war ich dabei mir selbst überlassen.

Ich machte verschiedene Versuche, die in Physik- und Chemiebüchern beschrieben waren. Die Ergebnisse der Versuche waren manchmal sehr gut. Durch irgendeinen kleinen Erfolg wurde ich ab und zu ermutigt. Ein anderes Mal wiederum geriet ich in Verzweiflung wegen der Ausfälle und Fehler, die auf die mangelnde Erfahrung zurückzuführen waren. Im allgemeinen war es mir jedoch bekannt, daß Fortschritte weder schnell noch einfach zu erreichen sind. Diese ersten Versuche festigten meine Neigung zur experimentellen Forschung auf dem Gebiet der Physik und Chemie.

Weitere Bildungsmöglichkeiten boten sich mir andererseits durch den Kontakt mit einer Gruppe begeisterter Jugendlicher, die sich zum gemeinsamen Lernen zusammengeschlossen hatte und sich gleichzeitig mit sozialen und nationalen Fragen befaßte. Dies war eine der Gruppierungen der polnischen Jugend, die davon überzeugt war, daß die ganze Hoffnung des Vaterlandes auf der großen Anstrengung beruhe, die intellektuelle und moralische Kraft der Nation zu entwickeln, und daß diese Anstrengung zur Verbesserung des Schicksals der Nation führen würde. Das nächstliegende Ziel bestand in der Arbeit an der eigenen Bildung und in der Sammlung von Mitteln für die Verbreitung der Bildung unter den Arbeitern und Bauern. Übereinstimmend mit diesem Programm beschlossen wir, Abendlehrgänge einzurichten, in denen jeder das unterrichten sollte, was er selbst am besten beherrschte. Es braucht nicht erwähnt zu werden, daß es sich hierbei um eine geheime Organisation handelte, was ihre Tätigkeit äußerst erschwerte. Zu ihr gehörte eine zahlreiche, opferbereite Jugend, die, wie ich glaube, zu einer wirklich nützlichen Arbeit fähig war.

Aus diesen Zeiten habe ich klare Erinnerungen an die gemeinsame geistige und gesellschaftliche Arbeit mit den Kollegen. Die zur Verfügung stehenden Mittel waren selbstverständlich gering; entsprechend waren auch die Ergebnisse. Ich bin jedoch immer noch der Auffassung, daß die Ideen, die uns damals begeisterten, den einzigen Weg des wirklichen gesellschaftlichen Fortschritts aufzeigen. Es ist unmöglich, eine bessere Welt aufzubauen, ohne das Leben der einzelnen Menschen zu verbessern. Deshalb muß jeder bestrebt sein, seine eigene Lage zu verbessern und gleichzeitig die Verantwortung für die gesamte Menschheit zu tragen. Denn es ist unsere besondere Pflicht, denen zu helfen, denen wir am nützlichsten sein können.

Alle Erlebnisse dieses Zeitraumes steigerten meinen Wunsch, einmal zu studieren. Trotz seiner geringen Mittel verhalf mir damals mein Vater dazu, die längst gefaßte Absicht beschleunigt zu realisieren. In dieser Zeit heiratete meine Schwester, und es wurde beschlossen, daß ich nach Paris fahre und bei ihr wohne. Mein Vater und ich glaubten, nach Beendigung meines Studiums erneut glücklich zusammenwohnen zu können. Es kam jedoch anders. Die Ehe hielt mich in Frankreich zurück. Mein Vater, der in seinen jungen Jahren selbst das Verlangen hatte, wissenschaftlich zu arbeiten, tröstete sich während unserer Trennung mit der Tatsache, daß meine Arbeit immer erfolgreicher wurde. Voller Dankbarkeit denke ich stets an seine Güte und Selbstlosigkeit. Mein Vater wohnte zu dieser Zeit bei meinem Bruder. Er hing sehr an seinen Enkelkindern, denen er beim Lernen behilflich war.

Es war für uns ein großes Unglück, ihn im Jahre 1902, kurz vor Vollendung seines siebzigsten Lebensjahres, zu verlieren.

Im November 1891 – ich war 24 Jahre alt – ging mein bereits seit langem gehegter Wunsch in Erfüllung.

In Paris angekommen, wurde ich von meiner Schwester und meinem Schwager auf das herzlichste empfangen. Ich wohnte jedoch nur einige Monate bei ihnen, da die Entfernung zum Universitätsviertel zu groß war. Ähnlich wie viele andere polnische Studenten, kam ich in einem kleinen bescheidenen Zimmer unter, das ich schlecht und recht selber möblierte. Dort wohnte ich während meiner vier Studienjahre.

Es ist unmöglich, all das Gute zu beschreiben oder auszudrücken, das mir diese Jahre gebracht haben. Ohne irgendeiner anderen Beschäftigung nachzugehen, vertiefte ich mich voll und ganz in die Wissenschaft. Die neuen Erkenntnisse bereiteten mir viel Freude. Die ganze Zeit waren meine Lebensverhältnisse von Wohlstand weit entfernt. Die eigenen Mittel waren nämlich äußerst knapp, und die Familie hatte – trotz des besten Willens – keine Mittel, um mir zu helfen. Meine Lage war übrigens nichts Außergewöhnliches. Das gleiche konnte man von vielen anderen polnischen Studenten sagen. Mein Wohnzimmer befand sich in der Mansarde. Es war im Winter sehr kalt, da der kleine Ofen nur wenig Wärme spendete, und es fehlte darüber hinaus oft an Kohle. War der Winter besonders kalt, so kam es häufig vor, daß nachts das Wasser in der Waschschüssel gefror. Ich konnte nur einschlafen, wenn alle meine Kleider auf der

Decke lagen. In dem selben Zimmer kochte ich auf einem Spirituskocher und mit wenig Küchengeschirr mein Mittagessen. Es bestand häufig aus Brot, einer Tasse Schokolade, Eiern und Früchten. Für die Hauswirtschaft hatte ich keine Hilfe und mußte die Kohle in kleinen Mengen in den sechsten Stock tragen.

Dieses in gewisser Hinsicht schwierige Leben hatte für mich viele Reize. Es vermittelte mir das wertvolle Gefühl der Freiheit und Unabhängigkeit. In Paris war ich unbekannt und kam mir in der großen Stadt verloren vor. Doch die Tatsache, daß ich auf mich selbst gestellt und ohne irgendeine Hilfe lebte, drückte mich nicht. Selbst wenn ich manchmal die Einsamkeit spürte, so war ich doch gewöhnlich ruhig und voll innerer Zufriedenheit.

Meinen ganzen Willen konzentrierte ich auf das Studium, das mir insbesondere anfangs große Schwierigkeiten bereitete. Tatsächlich war ich nämlich auf das Hören der Physikvorlesungen auf der Sorbonne zuwenig vorbereitet, da es mir trotz größter Anstrengung in Polen nicht gelungen war, das Wissen zu erlangen, über das meine französischen Kollegen verfügten. Insbesondere in der Mathematik mußte ich Fehlendes nachholen. Meine Zeit verteilte sich auf den Besuch von Vorträgen sowie die Arbeit im Laboratorium und in der Bibliothek. An den Abenden arbeitete ich zu Hause oft bis in die späte Nacht. Alles, was ich Neues sah und lernte, begeisterte mich. Vor mir tat sich eine neue Welt auf, eine Welt des Wissens, zu der mir endlich der Zutritt gestattet war. Gern denke ich an meine Beziehungen zu den Kollegen. Zunächst zurückhaltend und schüchtern, haben sich diese Beziehungen später belebt, als es sich herausstellte daß fast alle aufrichtig im Lernen aufgingen und mir gegenüber freundschaftlich eingestellt waren. Unsere Gespräche über das Studium vertieften das Interesse für die aufgeworfenen Fragen.

Unter den polnischen Studenten besaß ich keinen einzigen Arbeitskollegen. Trotzdem waren meine Beziehungen zu der kleinen polnischen Kolonie ziemlich vertraulich. Von Zeit zu Zeit kamen wir zusammen, um über die nationalen Fragen zu sprechen und unsere Einsamkeit zu vergessen. Wir gingen gemeinsam spazieren und in öffentliche Versammlungen, da wir uns alle für Politik interessierten. Nach etwa einem Jahr mußte ich jedoch diese Zusammenkünfte aufgeben, als ich merkte, daß ich die gesamte Energie auf das Studium konzentrieren müsse, um es in kürzester Zeit abzuschließen. Die meiste Freizeit während der Ferien mußte ich der Mathematik widmen.

Meine beharrliche Arbeit war nicht umsonst. Es ist mir gelungen, das Fehlende aufzuholen, und ich absolvierte gemeinsam mit meinen Kollegen die Prüfungen. Mir wurde sogar die Ehre zuteil, im Jahre 1893 den ersten Platz in den Prüfungen – als licenciée des sciences physiques – einzunehmen und im Jahre 1894 den zweiten Platz – als licenciée des sciences mathématiques.

In Erinnerung an diese Jahre der Arbeit unter den beschriebenen Bedingungen bezeichnete sie später mein Schwager scherzhaft als den »heldenhaften Zeitraum im Leben der Schwester meiner Frau«. Für mich werden diese einsamen Jahre, die völlig dem Studium gewidmet waren und die mit der Erreichung des Zieles endeten, das mir so lange vorgeschwebt hatte, immer eine der besten Erinnerungen bleiben.

1894 begegnete ich zum ersten Male Pierre Curie. In jenem Frühjahr suchte mich Professor Kowalski aus Freyburg auf und lud mich gemeinsam mit einem jungen Pariser Physiker, den er kannte und sehr schätzte, zu sich ein. Beim Betreten des Zimmers erblickte ich einen jungen, großen Mann mit kastanienfarbenem Haar und großen hellen Augen, der in der offenen Balkontür stand. Ich bemerkte den ernsten und netten Gesichtsausdruck und eine gewisse, scheinbar lässige Haltung, die einen in seine Gedanken vertieften Schwärmer auszeichnet. Er brachte mir eine einfache Herzlichkeit entgegen und schien mir sehr sympathisch. Nach der ersten Begegnung äußerte er den Wunsch, mich wiederzusehen und mit mir das Gespräch über wissenschaftliche und gesellschaftliche Fragen, worüber seine Ansichten den meinen zu ähneln schienen, fortzusetzen.

Nach einiger Zeit besuchte er mich in meiner Studentenwohnung, und wir befreundeten uns sehr. Er erzählte mir von seinen ganz mit Arbeit ausgefüllten Tagen und seinem Traum von einem Leben, das völlig der Wissenschaft gewidmet wäre. Kurz darauf bat er mich, sein Schicksal zu teilen. Doch ich konnte mich nicht gleich entscheiden. Ich hatte Bedenken vor einem Schritt, der die Trennung von der Familie und der Heimat bedeuten würde.

In den Ferien fuhr ich nach Polen, ohne zu wissen, ob ich nach Paris zurückkehren würde. Es ergab sich jedoch, daß ich zurück kehren konnte und im Herbst des gleichen Jahres dort meine Arbeit wieder aufnahm. Ich ging in eines der physikalischen Laboratorien an der Sorbonne, um experimentelle Forschungen für die Doktorarbeit anzustellen.

Und wiederum traf ich Pierre Curie. Die Arbeit brachte uns einander immer näher. Schließlich gelangten wir beide zu der Überzeugung, daß keiner von uns einen besseren Lebenskameraden finden könnte. So beschlossen wir zu heiraten, und unsere Eheschließung fand ein wenig später, im Juli 1895, statt.

Pierre Curie erhielt kurz vorher den Doktortitel und die Stellung eines Professors an der Physik- und Chemieschule der Stadt Paris. Er war damals 36 Jahre alt und ein in Frankreich und im Ausland bekannter und geschätzter Physiker. Ausschließlich mit wissenschaftlichen Forschungen beschäftigt, schenkte er seiner Karriere nur wenig Aufmerksamkeit; seine Einkünfte waren daher sehr gering. Er wohnte in Sceaux bei Paris gemeinsam mit seinen alten Eltern, die er sehr liebte und die er in unseren ersten Gesprächen als »vollkommene« Menschen bezeichnete. Dies war tatsächlich so. Sein Vater, Arzt im fortgeschrittenen Alter, besaß einen hervorragenden Geist und einen unbeugsamen Charakter. Seine Mutter, die »beste aller Frauen«, ging völlig in der Sorge für ihren Mann und ihre Söhne auf.

Der ältere Bruder Pierres hatte damals bereits eine Professur an der Universität in Montpellier inne und war stets sein treuester Freund. Ich hatte also das Glück, in eine Familie zu kommen, die Treue und Achtung verdiente und in der ich herzlichst aufgenommen wurde.

Unsere Hochzeit war sehr bescheiden. Ich hatte kein außergewöhnliches Kleid an, und nur wenige Freunde wohnten der Feier bei. Die Ankunft meines Vaters und meiner zweiten Schwester aus Polen bereitete mir große Freude.

Wir wünschten uns nur einen Unterschlupf, in dem man wohnen und arbeiten könnte. Mit einer kleinen Dreizimmerwohnung mit einem schönen Blick auf den Garten waren wir also sehr zufrieden. Einige Möbel bekamen wir von den Eltern. Für das als Hochzeitsgeschenk von einem der Verwandten erhaltene Geld kauften wir zwei Fahrräder, mit denen wir Ausflüge in die Umgebung der Stadt machten.

Damit begann für mich ein neuer Abschnitt meines Lebens, der von der Einsamkeit der vorhergehenden Jahre völlig verschieden war.

Mein Mann und ich waren durch Liebe und gemeinsame Arbeit derartig fest miteinander verbunden, daß wir fast die ganze Zeit gemeinsam verbrachten. Ich besitze wenig Briefe von ihm, da wir nur selten getrennt waren. Fast jede unterrichtsfreie Stunde verbrachte mein Mann mit Forschungen in seinem Schullaboratorium; ich bekam die Erlaubnis, bei ihm zu arbeiten.

Wir wohnten nicht weit von der Schule, so daß für den Weg nur wenig Zeit verlorenging. Wegen unserer begrenzten Mittel mußte ich den größten Teil der Hausarbeiten selbst verrichten und, was das Schlimmste war, selbst das Mittagessen kochen. Es fiel mir nicht leicht, die häuslichen Pflichten mit der wissenschaftlichen Arbeit in Einklang zu bringen. Doch bei gutem Willen konnte ich es schaffen. Das Wichtigste war, daß wir in eigener Wohnung zusammen waren, was uns die Ruhe sicherte, einander näher brachte und viel Freude bereitete.

Neben der Arbeit im Labor mußte ich gleichzeitig viel lernen. Ich wollte nämlich eine Prüfung ablegen, die mich zum Lehren an Mädchenschulen berechtigte. Ein positives Ergebnis der Prüfung berechtigte auch zum Professortitel. Nach einer mehrere Monate dauernden Vorbereitung legte ich im August 1896 als Beste diese Prüfung ab.

Spaziergänge oder Ausflüge mit Rädern in die Umgebung waren nach der Arbeit im engen, schwülen Labor unsere beliebtesten Unterhaltungen. Mein Mann blieb gern an der Luft und interessierte sich lebhaft für Pflanzen und Tiere in den Wäldern und auf den Feldern. Es gab wohl keine Ecke in der Umgebung von Paris, die wir nicht kannten. Ich hatte das Land auch gern, und diese Ausflüge bereiteten mir die gleiche Freude und gewährten Entspannung nach der wissenschaftlichen Arbeit. Von diesen Ausflügen brachten wir viel Blumen mit. Es kam vor, daß wir alles vergaßen und erst spät in der Nacht zurückkehrten. Wir besuchten regelmäßig die Eltern meines Mannes, wo uns stets unser Zimmer erwartete.

Während der Ferien machten wir mit Fahrrädern größere Ausflüge. So suchten wir viele Ortschaften in der Auvergne und den Cevennen sowie am Meer auf. Wir genossen die ganztägigen Fahrten und übernachteten immer an neuen Orten. Hatten wir uns je doch an irgendeiner Stelle länger aufgehalten, so äußerte mein Mann den Wunsch, nach dem Labor zurückzukehren. Wir besuchten während der Ferien auch einmal meine Verwandten in Zakopane. Vor dieser Reise lernte mein Mann ein wenig Polnisch.

An erster Stelle in unserem Leben stand jedoch die wissenschaftliche Arbeit. Mein Mann bereitete sich sehr sorgfältig auf die Vorträge vor; ich war ihm dabei behilflich, was sich später als sehr nützlich für mich erwies. Die meiste Zeit aber widmeten wir den Forschungen im Labor.

Mein Mann besaß damals allerdings noch kein eigenes Labor. Er konnte zwar in gewissem Umfang das Schullabor benutzen, doch zog er es vor, ein eigenes Labor provisorisch in einem der freien Winkel der Physikschule einzurichten. Ich konnte mich damals davon überzeugen, daß es möglich ist, selbst in einem ungeeigneten Raum erfolgreich zu arbeiten. Mein Mann befaßte sich zu diesem Zeitpunkt mit der Untersuchung von Kristallen, und ich begann, mich mit den magnetischen Eigenschaften des Stahles zu befassen. Diese Arbeit beendete und veröffentlichte ich im Jahre 1897.

Im gleichen Jahr brachte die Geburt unserer ersten Tochter große Veränderungen in unser Leben. Einige Wochen später starb die Mutter meines Mannes, und sein Vater zog zu uns. Wir mieteten ein kleines Häuschen mit Garten am Rande der Stadt Paris, das wir bis zum Tode meines Mannes bewohnten. Ich stand vor einem ernsten Problem. Wie sollte ich unsere kleine Irene und das Haus betreuen, ohne die wissenschaftliche Arbeit zu unterbrechen? Eine Unterbrechung dieser Arbeit wäre für mich sehr schmerzlich gewesen; mein Mann wollte gar nichts davon hören. Er hätte eine Frau gefunden, sagte er, die dafür geschaffen sei, jegliche Tätigkeit mit ihm zu teilen. Keiner von uns dachte daran, auf das zu verzichten, was uns beiden so teuer war.

Selbstverständlich waren wir gezwungen, ein Dienstmädchen zu halten. Persönlich überwachte ich jedoch sämtliche Einzelheiten bei der Betreuung unseres Kindes. Während ich im Labor beschäftigt war, übernahm dies der Großvater, der sehr an seiner Enkelin hing. Sie machte ihm viel Freude. Eine enge Zusammenarbeit innerhalb unserer Familie gestattete mir also, meinen Pflichten nachzukommen. Nur manchmal wurden die Schwierigkeiten besonders groß, wenn beispielsweise während einer Erkrankung des Kindes die schlaflosen Nächte den normalen Ablauf des Lebens störten.

Es ist leicht zu verstehen, daß wir für gesellschaftliche Verpflichtungen keine Zeit hatten. Wir kamen lediglich mit einigen Freunden, uns ähnlich gesinnten Wissenschaftlern, zusammen, mit denen wir uns zu Hause oder im Garten unterhielten, während ich irgendetwas für unser Töchterlein nähte. Wir pflegten auch einen herzlichen Kontakt mit dem Bruder meines Mannes und seiner Familie. Meine sämtlichen Verwandten waren jedoch von mir weit entfernt, da meine Schwester mit ihrem Mann Paris verlassen hatte, um sich in Polen niederzulassen.

Unter diesen Bedingungen des ruhigen, nach unseren Neigungen eingerichteten Lebens vollbrachten wir ein großes Werk. Diese Arbeit wurde Ende 1897 begonnen und dauerte mehrere Jahre. Ich entschied mich schließlich für das Thema meiner Doktorarbeit, als ich auf die interessanten Ergebnisse Becquerels bei der Untersuchung von Salzen eines seltenen Metalls, des Urans, aufmerksam wurde. Becquerel war aufgefallen, daß sich eine mit schwarzem Papier abgedeckte photographische Platte, die sich in unmittelbarer Nähe von Uransalz befindet, so verhält, als ob sie der Lichteinwirkung ausgesetzt sei. Dies erfolgt also durch den Einfluß der von dem Uransalz ausgesandten besonderen Strahlen, die sich von den einfachen Lichtstrahlen unterscheiden müssen, da sie das schwarze Papier durchdringen können. Becquerel wies auch nach, daß diese Strahlen das Elektroskop entladen. Zunächst dachte er, daß die Uranstrahlen infolge der Einwirkung des Lichtes auf das Uransalz entstünden. Die Versuche überzeugten ihn jedoch, daß diese Salze die eigenartige Strahlung selbst bei einer einige Monate dauernden Aufbewahrung in der Dunkelheit behielten.

Mein Mann und ich interessierten uns sehr für diese neue Erscheinung. Ich beschloß, mich in einer eingehenden Untersuchung mit ihr zu befassen. Das Wichtigste schien mir, genaue Messungen durchzuführen. Zu diesem Zweck wollte ich die Eigenschaft der Strahlen ausnutzen, eine Entladung des

Elektroskops zu bewirken. Anstelle eines einfachen Elektroskops verwendete ich jedoch ein präziseres Gerät. Einer der bei den ersten Messungen von mir verwendeten Modellapparate befindet sich jetzt beim Kollegium der Ärzte und Chirurgen in Philadelphia.

Auf interessante Ergebnisse brauchte ich nicht lange zu warten. Meine Untersuchungen zeigten, daß die Strahlung eine Atomeigenschaft des Urans ist, die von den physikalischen Eigenschaften und der chemischen Zusammensetzung des Uransalzes unabhängig ist. Sämtliche uranhaltigen Substanzen strahlen um so stärker, je mehr sie von diesem Grundstoff enthalten.

Sodann hielt ich es für zweckmäßig zu untersuchen, ob es keine anderen Substanzen gäbe, die die gleiche interessante Eigenschaft besitzen wie das Uran. Kurz darauf habe ich mich überzeugen können, daß Körper, die Thorium enthalten, sich ähnlich verhalten. Diese Strahlung stellt eine Eigenschaft des Thoriums dar. Ich begann bereits eingehende Untersuchungen der Uran- und Thoriumstrahlung, als ich eine neue interessante Erscheinung entdeckte.

Ich untersuchte eine große Anzahl von Mineralien. Nur einige von ihnen stellten sich als aktiv heraus, und zwar diejenigen, die entweder Uran oder Thorium enthielten. Eine Aktivität dieser Mineralien wäre nichts Außergewöhnliches, wenn sie proportional zu den enthaltenen Uran- oder Thoriummengen wäre. Es war jedoch nicht an dem. Einige dieser Mineralien wiesen eine drei- oder vierfach größere Aktivität auf, als sich dies aus Uranberechnungen ergeben hatte. Ich überprüfte dieses auffallende Resultat sorgfältig und konnte keinen Zweifel mehr daran hegen, daß es richtig war. Bei der Betrachtung der Ursachen dieser Erscheinung gab es für mich nur die eine Erklärung, daß diese Mineralien irgendeine unbekannte, sehr aktive Substanz enthalten müßten. Mein Mann stimmte mir darin zu und bestand darauf, daß wir sofort beginnen sollten, nach dieser Substanz zu suchen. Wir hofften, daß sie durch unsere gemeinsamen Anstrengungen schnell gefunden werden könnte. Beim Beginn dieser Arbeit konnte keiner von uns voraussehen, daß dadurch ein neuer Zweig der Wissenschaft entstand, dem wir unser ganzes Leben widmen sollten.

Anfangs hatte ich selbstverständlich nicht die Illusion, größere Mengen eines neuen Grundstoffes zu entdecken, da diese Mineralien bereits ziemlich genau erforscht waren. Mir schien jedoch, daß sie gegen 1% der unbekannten Substanz enthalten könnten. Je weiter unsere Arbeit voranschritt, desto klarer wurde es, daß der neue aktive Grundstoff nur in geringsten Mengen vorhanden sein konnte. Daraus ergab sich die Schlußfolgerung, daß seine Aktivität sehr stark sein müßte. Ob wir in unserer Absicht durchgehalten hätten, wenn uns der wirkliche Gehalt der Mineralien an Uran bekannt gewesen wäre, ist sehr fraglich.

Das eine nur kann gesagt werden, daß uns die Fortschritte unserer Arbeit in einer unerhörten Spannung hielten, obwohl immer größere Schwierigkeiten auftraten. Tatsache ist, daß es uns erst nach Jahren beharrlicher Arbeit gelang, endlich den neuen Grundstoff abzusondern, der heute unter der Bezeichnung Radium jedermann bekannt ist. Ich bringe im folgenden kurz die Geschichte der Forschungen und der Entdeckung.

Am Anfang kannten wir keine der physikalischen oder chemischen Eigenschaften der unbekannten Substanz. Wir wußten lediglich, daß sie strahlt, und mit Hilfe dieser Strahlen mußte sie gesucht werden. Wir begannen mit der Analyse der Pechblende aus Joachimsthal. Neben den üblichen chemischen Methoden untersuchten wir Teile dieses Erzes auf seine Radioaktivität mit Hilfe eines empfindlichen elektrischen Gerätes. Dies war die Grundlage einer neuen Methode der chemischen Analyse, die im Laufe unserer Arbeit eine derartige Verbreitung fand, daß es schon damals möglich wurde, eine Vielzahl radioaktiver Körper zu entdecken.

Bereits nach einigen Wochen gewannen wir die Überzeugung, daß unsere Hypothese richtig war, da eine Steigerung der Radioaktivität gemäß unseren Erwartungen erfolgte. Nach einigen Monaten gelang es uns, von der Pechblende eine Begleitsubstanz des Wismuts abzusondern. Diese Substanz, war um ein Vielfaches aktiver als das Uran und besaß sehr charakteristische chemische Eigenschaften. Im Juli 1898 gaben wir die Entdeckung dieser Substanz bekannt, die ich zu Ehren meiner Heimat Polonium nannte.

Bei der Darstellung des Poloniums bemerkten wir außerdem, daß die Blende noch einen anderen, neuen Begleit-Grundstoff des Bariums enthielt. Nach weiteren Monaten beharrlicher Arbeit gelang es uns, diese zweite Substanz, die sich später viel wichtiger als das Polonium erwies, vom Barium zu trennen; im Dezember 1898 konnten wir die wissenschaftliche Welt von der Entdeckung dieses neuen, heute bereits berühmten Grundstoffes unterrichten. Diesen Grundstoff nannten wir Radium.

Doch der größte Teil der technischen Arbeiten lag noch vor uns. Mit Sicherheit konnten wir sagen, das Vorhandensein neuer, interessanter Grundstoffe entdeckt zu haben. Doch nur dank ihrer Strahlungseigenschaft konnten sie unterschieden werden von Wismut und Barium, mit denen sie noch in geringen Mengen vermischt waren. Es ging jetzt darum, diese Substanzen als reine Grundstoffe darzustellen. Bald nahmen wir diese Arbeit in Angriff.

Nur schlecht waren wir mit den Mitteln ausgerüstet, die für die Erreichung eines derartigen Zieles erforderlich sind. Große Erzmengen mußten sorgfältig chemisch aufbereitet werden. Wir besaßen weder Geld noch ein entsprechendes Laboratorium und hatten auch keine Hilfe für unser großes und schwieriges Vorhaben. Es sah so aus, als ob aus einem Nichts etwas geschaffen werden sollte. Wenn die früheren Jahre des Universitätsstudiums von meinem Schwager als der »heldenhafte Zeitraum meines Lebens« bezeichnet wurden, so kann ich ohne Übertreibung sagen, daß diese Jahre für mich und meinen Mann der heldenhafteste Zeitraum unseres gemeinsamen Lebens waren.

Aus unseren vorangegangenen Forschungen wußten wir, daß bei der Urangewinnung aus Pechblende in den Gruben von Joachimsthal das Radium in Abfällen zurückbleibt. Die österreichische Regierung als Eigentümer dieser Grube stellte uns eine gewisse Menge dieser – damals völlig wertlosen – Abfälle zur Verfügung. Wie freute ich mich, als die ersten Säcke mit braunem, mit Kiefernnadeln vermischten Staub ankamen und als ich feststellen konnte, daß die Aktivität dieses Staubes die des heimischen Erzes überstieg. Durch einen glücklichen Zufall blieben diese Abfälle zugänglich, da sie nicht irgendwie anders verwendet, sondern einfach in einen naheliegenden Kiefernwald geschüttet wurden. Dank der Unterstützung der Wiener Akademie der Wissenschaften wurde uns von der österreichischen Regierung nach einiger Zeit gestattet, einige Tonnen derartiger Abfälle zu niedrigem Preis anzukaufen. Aus diesem Stoff gewannen wir die gesamte Radiummenge, die ich in meinem

Laboratorium bis zu dem Zeitpunkt besaß, zu dem das kostbare Geschenk von den amerikanischen Frauen einging.

Die Physikschule konnte uns keinen entsprechenden Raum zur Verfügung stellen. In Ermangelung einer besseren Lösung gestattete uns der Schuldirektor, einen unbenutzten Schuppen, der früher als Sezierraum der medizinischen Schule gedient hatte, in Anspruch zu nehmen. Das Glasdach bot keinen vollkommenen Schutz vor Regen. Im Sommer war es heiß und schwül; im Winter bereitete der zum Glühen erhitzte eiserne Ofen nur Enttäuschungen. Direkt am Ofen war es unerträglich heiß, doch einige Schritte weiter konnte man erfrieren. Von Einrichtungen, die für Chemiker erforderlich sind, konnte keine Rede sein. Wir besaßen lediglich einige alte Kiefernholztische sowie Gasbrenner und Schmelzöfen für Mineralien. Zu unserer Verfügung stand noch der anliegende Hof, wo chemische Versuche durchgeführt werden konnten, bei denen ungesunde Gase ausströmten. Auch unser Schuppen war voll dieser Gase. So ausgerüstet nahmen wir unsere Arbeit in Angriff.

In diesem dürftigen alten Schuppen verbrachten wir unsere besten und glücklichsten Jahre. Wir widmeten den ganzen Tag der Arbeit. Häufig mußte ich dort eine Mahlzeit zubereiten, um einen wichtigen Versuch nicht unterbrechen zu müssen. Zuweilen verbrachte ich den ganzen Tag beim Umrühren einer siedenden Masse mit einem schweren Eisenstab, der fast so groß war wie ich. Da war ich manchmal wirklich übermüdet. Ein anderes Mal wiederum bestand die Arbeit in der äußerst genauen und feinen Teilchen-Kristallisation, die eine Erstarrung der Radiumlösung zum Zweck hatte.

Störend wirkte dabei der Kohlen- und Eisenstaub, der in der Luft schwebte und vor dem ich meine wertvollen Präparate nicht schützen konnte. Nicht zu beschreiben sind jedoch die Freude und die ungetrübte Ruhe dieser Forschungsatmosphäre sowie die Rührung bei der Feststellung wirklicher Fortschritte und der Glaube an die Erzielung noch besserer Ergebnisse. Das Gefühl einer Enttäuschung, das manchmal nach irgendeinem Mißerfolg aufkam, ging schnell vorüber und machte frischem Arbeitselan Platz. Herrliche Erlebnisse bildeten auch die Spaziergänge rings um unseren Arbeitsschuppen und die Unterhaltung über unsere Arbeit.

Eine unserer beliebtesten Zerstreuungen in dieser Zeit waren die abendlichen Besuche unseres Labors. Überall sahen wir dabei die schwach leuchtenden Umrisse der Gläser und Beutel, in denen unsere Präparate untergebracht waren. Dies war ein wirklich herrlicher Anblick, der uns stets neu erschien. Die glühenden Röhrchen sahen wie winzige Zauberlichter aus.

So vergingen Monate, und unsere nur durch kurze Ferien unterbrochenen Anstrengungen brachten immer bessere Ergebnisse. Unser Glaube wuchs ständig. Da unsere Forschungen bereits bekannt wurden, fiel es uns leichter, Mittel für den Einkauf neuer Rohstoffe und für die Ausführung eines Teiles der groben Arbeit in einer Fabrik zu finden, wodurch wir mehr Zeit für die präzisen Abschlußarbeiten hatten.

In dieser Zeit befaßte ich mich mit der Reinigung des Radiums, während mein Mann die physikalischen Eigenschaften der Strahlungen neu entdeckter Substanzen untersuchte. Erst nach Verbrauch einer ganzen Tonne der Pechblendenabfälle erzielte ich schließlich die Endergebnisse. Heute ist bereits allgemein bekannt, daß selbst die reichhaltigsten Mineralien nicht mehr als einige Dezigramm Radium je Tonne enthalten.

Endlich kam der Augenblick, in dem die abgesonderte Substanz alle Eigenschaften eines chemisch reinen Körpers zeigte. Dieser Körper, das Radium, erzeugt ein eigenartiges Spektrum. Ich konnte auch sein Atomgewicht bestimmen, das wesentlich größer als das Gewicht von Barium war. Das vollbrachte ich im Jahre 1902. Ich besaß damals ein Dezigramm sehr reinen Radiumchlorid. Vier Jahre brauchte ich dazu, um den Forderungen der Chemie entsprechend nachzuweisen, daß das Radium tatsächlich ein neuer Grundstoff ist. Hätten mir entsprechende Mittel zur Verfügung gestanden, so hätte dafür sicherlich ein Jahr gereicht. Das Ergebnis, das so viele Anstrengungen kostete, wurde zur Grundlage der neuen Lehre über die Radioaktivität.

In den späteren Jahren gelang es mir, einige Dezigramm reines Radiumsalz zu gewinnen, das Atomgewicht genauer zu bestimmen und sogar Radium als reines Metall zu erhalten. Doch bereits 1902 waren die Existenz und die Eigenschaften des Radiums endgültig bestimmt.

Einige Jahre lang konnten wir unsere ganze Aufmerksamkeit auf die Forschungsarbeit konzentrieren, doch unsere Verhältnisse hatten sich allmählich verändert. 1900 wurde meinem Mann eine Professur an der Universität Genf angeboten; fast gleichzeitig wurde er als außerordentlicher Professor an die Sorbonne berufen. Ich dagegen bekam die Stellung einer Physiklehrerin im Mädchenseminar in Sèvres bei Paris. Wir blieben also in Paris. Die Tätigkeit im Mädchenseminar nahm mich sehr in Anspruch. Ich bemühte mich, die praktischen Übungen für meine Schülerinnen zu erweitern. Es waren Mädchen im Alter von etwa 20 Jahren, die nach einer schwierigen Prüfung in die Schule aufgenommen wurden und viel arbeiten mußten, um ein Diplom zu erhalten, das zum Unterricht in Lyzeen berechtigte. Sämtliche Mädchen arbeiteten sehr fleißig, so daß mir die Anleitung ihres Physikstudiums Freude bereitete.

Die wachsende Popularität infolge der Veröffentlichung unserer Entdeckungen begann jedoch unsere ruhige Labortätigkeit zu stören. So wurde unser Leben allmählich schwieriger. 1903 beendete ich meine Doktorarbeit und erhielt das Diplom. Am

Ende dieses Jahres wurde Becquerel, meinem Mann und mir der Nobelpreis für die Entdeckung der Radioaktivität und der radioaktiven Elemente verliehen.

Dieser Preis machte unsere Arbeit sehr populär. Eine Zeitlang hatten wir keinen Augenblick Ruhe. Besuche und Angebote für Vorträge und Artikel kamen fast täglich.

Die Zuerkennung des Nobelpreises war für uns eine große Ehre.

Bekanntlich ist der damit verbundene Geldbetrag bedeutend höher als bei anderen wissenschaftlichen Preisen. Dies war uns eine große Hilfe für die weiteren Forschungen. Leider waren wir beide sehr überanstrengt. Mehrmals waren wir abwechselnd krank, so daß wir erst 1905 nach Stockholm reisen konnten. Dort hielt mein Mann einen Vortrag, zu dem er durch den verliehenen Preis verpflichtet war. In Stockholm wurden wir sehr herzlich aufgenommen.

Die durch übermäßige Anstrengungen und durch schlechte Arbeitsbedingungen verursachte Übermüdung steigerte sich mit dem erlangten Ruhm. Vor allem war die Unterbrechung unserer freiwilligen Einsamkeit für uns schmerzlich. Diese Änderung hatte sämtliche Merkmale einer Niederlage; sie war ein ernster Angriff auf den geregelten Ablauf unseres Lebens. Ich erwähnte schon, wie sehr wir nach Ruhe verlangten und uns vom gesellschaftlichen Leben zurückziehen wollten. Das war notwendig, um die Forschungsarbeit mit dem Familienleben in Einklang zu bringen. Menschen, die an dem Aufkommen eines derartigen Durcheinanders beteiligt sind, haben selbstverständlich stets den besten Willen, doch leider verstehen sie nicht, wie sehr sie uns das Leben erschweren.

1904 kam unsere zweite Tochter Eve zur Welt. Selbstverständlich mußte ich für einige Zeit die Laborarbeit unterbrechen. Dank des Nobelpreises und der allgemeinen erworbenen Anerkennung bekam mein Mann im gleichen Jahr den eigens für ihn an der Sorbonne geschaffenen Lehrstuhl für Physik. Ich wurde zur Leiterin des Laboratoriums ernannt, das mit dem neuen Lehrstuhl entstehen sollte. Das Labor wurde jedoch nicht eingerichtet. Es wurden uns lediglich einige Zimmer zugeteilt, die vorher für einen anderen Zweck belegt waren.

1906, als wir gerade endgültig den alten Lagerschuppen, in dem wir so glücklich gewesen waren, verlassen hatten, brach ein furchtbares Unglück über mich herein: der Tod meines Mannes. Ich blieb allein mit den Pflichten der Erziehung unserer Kinder und der Fortsetzung des gemeinsamen Werkes.

Es ist unmöglich, die Größe und die Bedeutung der Wende zu beschreiben, die in meinem Leben durch den Verlust dessen eintrat, der mein nächster Kamerad und bester Freund war. Erschüttert durch diesen Schlag, war ich zunächst nicht in der Lage, an die Zukunft zu denken. Ich konnte jedoch nicht vergessen, was mein Mann so oft sagte: daß ich – selbst ohne ihn – das Werk nicht aufgeben dürfte.

Mein Mann verunglückte, unmittelbar nachdem die Öffentlichkeit mit der Bedeutung seiner Entdeckungen bekannt gemacht worden war. Sein Tod wurde insbesondere von wissenschaftlichen Kreisen als ein nationales Unglück empfunden.

Hauptsächlich unter diesem Eindruck beschloß die Wissenschaftliche Fakultät in Paris, mir den Lehrstuhl anzubieten, den mein Mann über eineinhalb Jahre an der Sorbonne innehatte. Dies war ein Ausnahmefall, da bisher keiner Frau eine derartige Ehre zuteil geworden war. Die Universität brachte dadurch ihre besondere Anerkennung für mich zum Ausdruck und gab mir die Gelegenheit, die Forschungen weiterzuführen, wozu ich sonst nicht in der Lage gewesen wäre. Eine derartige Anerkennung hatte ich nie erwartet und auch nie angestrebt; ich wollte, lediglich frei für die Wissenschaft arbeiten. Die Ehre, die mir zuteil wurde, war jedoch unter den damaligen Verhältnissen eine sehr schmerzliche. Darüber hinaus hatte ich Bedenken, ob ich dieser hohen Verantwortung gerecht werden könnte. Nach längeren Überlegungen kam ich zu dem Schluß, daß ich mindestens versuchen müsse, diese Pflichten auf mich zu nehmen. So begann ich 1906 mit den Vorlesungen an der Sorbonne, und zwar zunächst als außerordentlicher und nach zwei Jahren als ordentlicher Professor.

In dieser neuen Lage wurde mein Leben bedeutend schwieriger, da ich jetzt auf mich allein die Last nehmen mußte, die ich früher gemeinsam mit meinem Mann getragen hatte. Die kleinen Kinder mußten sorgfältig betreut und beaufsichtigt werden. Der Vater meines Mannes, der nach wie vor mit bei uns wohnte, half mir dabei gern. Er war glücklich, die Mädchen betreuen zu können, worin er einen Trost nach dem Tode seines Sohnes fand. Dank seiner und meiner Mühe hatten die Kinder nach wie vor ihr glückliches Heim, obwohl wir selbst von tiefer Trauer erfaßt waren, die die Kinder noch nicht empfinden konnten. Da der Vater den sehnlichsten Wunsch hatte, auf dem Lande zu wohnen, mieteten wir ein Gartenhaus in Sceaux bei Paris, das von der Stadt eine halbe Stunde entfernt ist.

Das Vorstadtleben hatte nicht nur für den Vater große Vorteile, der sich über seine neue Umgebung und hauptsächlich über den Garten freute, sondern auch für die Mädchen, die in der schönen Gegend spazieren gehen konnten. Dafür mußten sie meine Nähe missen, und wurde es notwendig, eine Betreuerin anzustellen. Die Betreuung übernahm zunächst eine meiner Kusinen, anschließend war es die frühere Erzieherin der Tochter meiner Schwester. Beide waren Polinnen, so daß die Mädchen die Möglichkeit bekamen, sich in der Muttersprache zu vervollkommnen. Von Zeit zu Zeit kam jemand von meiner polnischen Verwandtschaft nach Paris, um mich zu besuchen und zu trösten. Wir bemühten uns auch, während der Ferien am Meer in Frankreich und einmal in Zakopane zusammenzutreffen.

Nach langer Krankheit verloren wir 1910 den lieben Vater meines Mannes. An seinem Bett verbrachte ich viele traurige Tage und widmete ihm die ganze verfügbare Zeit. Er erzählte von Erinnerungen an die vergangenen Jahre. Sein Tod wurde von meiner ältesten Tochter, die mit 12 Jahren bereits in der Lage war, die in der Gesellschaft des Großvaters verlebten sonnigen Stunden zu schätzen, schmerzlich empfunden.

Mit der Ausbildung meiner Töchter war es in Sceaux schwierig. Die jüngere, noch ein kleines Kind, brauchte vor allem eine gesunde Lebensführung, viele Spaziergänge an der frischen Luft und nur elementaren Unterricht. Sie zeigte bereits große Intelligenz und ungewöhnliche Begabung für Musik. Die ältere Schwester war nach ihrem Vater geraten. Sie hatte kein lebhaftes Gemüt, doch man merkte schon, daß sie die Gabe hatte, exakt überlegen zu können, und außerdem Neigung zum Lernen besaß. Einige Zeit besuchte sie eine Privatschule in Paris. Ich wollte sie jedoch nicht auf das Lyzeum geben, da ich stets der Auffassung war, daß die Anzahl der Unterrichtsstunden in diesen Schulen zu hoch sei, was die Gesundheit der Kinder nachteilig beeinflusse.

Bei der Erziehung der Kinder muß man meines Erachtens die körperliche Entwicklung berücksichtigen und etwas Zeit für kulturelle Beschäftigung übriglassen. In den meisten gegenwärtig bestehenden Schulen legt man zu großen Wert auf gewisse mündliche und schriftliche Übungen, wodurch für die Hausaufgaben zuviel Zeit in Anspruch genommen wird. Ich bin der Auffassung, daß diese Schulen im allgemeinen die praktischen Übungen mangelhaft aufbauen.

Gemeinsam mit einigen befreundeten Universitätsprofessoren gleicher Auffassung gründeten wir für unsere Kinder eine Art Unterrichtsgemeinschaft, wobei jeder von uns das Unterrichten eines bestimmten Faches für die gesamte junge Gruppe übernahm. Wir alle waren mit verschiedenen Arbeiten sehr beschäftigt und die Kinder unterschiedlichen Alters. Trotzdem führte dieser Versuch zu interessanten Ergebnissen. Wir bemühten uns, unserer kleinen Gruppe Kenntnisse aus dem Bereich der Naturwissenschaften, der Literatur, Malerei und Bildhauerkunst zu vermitteln, um ihr einen Gesamtüberblick zu Fragen der Kultur zu geben. Wissenschaftliche Vorträge wurden von praktischen Übungen begleitet, die großes Interesse erweckten.

Ein derartiges, über zwei Jahre dauerndes Lernen erwies sich für die meisten Kinder als sehr vorteilhaft. Einen besonders großen Nutzen zog meine ältere Tochter daraus. Dank dieser Vorbereitung war sie in der Lage, in eine höhere Klasse eines der Pariser Gymnasien aufgenommen zu werden. Sie legte die Reifeprüfung ohne Schwierigkeiten ab, obwohl sie das Durchschnittsalter der Abiturienten noch nicht erreicht hatte. Anschließend begann sie, an der Sorbonne zu studieren.

Meine jüngere Tochter lernte nicht nach dieser Methode. An der Universität besuchte sie anfangs nur einige Vorlesungen, später dagegen alle. Sie war eine gute Schülerin und für sämtliche Fachrichtungen begabt.

Ich wünschte sehr, daß meine Kinder sich gut entwickeln, und legte großen Wert auf Spaziergänge in frischer Luft, auf Turnen und Sport. In Frankreich wird bei Mädchen diese Seite der Erziehung vernachlässigt. Ich sorgte dafür, daß meine Kinder regelmäßig turnten, und war auch bemüht, daß sie ihre Ferien in den Bergen oder an der See verbrachten. Sie ruderten und schwammen ausgezeichnet und machten ausgedehnte Ausflüge mit den Fahrrädern.

Die Sorge um die Erziehung der Kinder bildete natürlich nicht meine einzige Aufgabe. Die meiste Zeit wurde von der beruflichen Arbeit beansprucht. Ich wurde häufig, insbesondere von Frauen, gefragt, wie ich es schaffen könne, das Familienleben mit der wissenschaftlichen Arbeit in Einklang zu bringen. In der Tat war dies nicht einfach. Es erforderte viel Standhaftigkeit und Selbstlosigkeit. Herzliche Gefühle verbanden mich mit meinen bereits erwachsenen Töchtern. Die gegenseitige Anhänglichkeit und das gegenseitige Verstehen hatten zur Folge, daß das Leben in unserem Heim froher wurde. Es gab bei uns weder scharfe Worte noch ein egoistisches Verhalten – dies habe ich nicht geduldet. Als ich 1906 die Tätigkeit an der Sorbonne als Nachfolgerin meines Mannes aufnahm, besaß ich lediglich ein provisorisches, kleines und primitiv ausgestattetes Laboratorium. Einige wissenschaftliche Mitarbeiter hatten bereits früher mit meinem Mann und mir zusammen gearbeitet. Mit ihrer Hilfe setzte ich die wissenschaftlichen Forschungen mit guten Ergebnissen fort.

1907 empfing ich einen wertvollen Beweis des Wohlwollens von seiten des sehr vermögenden Amerikaners Andrew Carnegie, der für mein Laboratorium eine ständige Jahreszuwendung versprach, die für die außerplanmäßigen Mitarbeiter bestimmt war. Dies gestattete einigen wissenschaftlichen Mitarbeitern und Studenten fortgeschrittener Semester, ihre gesamte Zeit der Arbeit zu widmen. Derartige Zuwendungen sind äußerst wichtig für Leute, deren Neigungen und Fähigkeiten eine völlige Hingabe an die wissenschaftliche Arbeit gewährleisten, und deshalb sollte ihr Umfang im Interesse der Wissenschaft vergrößert werden.

Längere Zeit hindurch arbeitete ich an der Gewinnung einiger Dezigramm sehr reinen Radiumchlorids, das 1907 für eine neue Bestimmung des Atomgewichtes des Radiums verwendet wurde. 1910 gelang es mir, metallisches Radium zu erhalten. Diese äußerst diffizile Arbeit wurde mit Hilfe eines zum Laborpersonal gehörenden hervorragenden Chemikers ausgeführt. Bis zum heutigen Tag wurde diese Arbeit nie wiederholt, da dabei die Gefahr großer Radiumverluste besteht, was lediglich durch äußerste Vorsicht zu vermeiden ist. So konnte ich endlich dieses geheimnisvolle, weiße Metall sehen. Es länger aufzubewahren, war nicht möglich, da es für weitere Versuche benötigt wurde.

Das Polonium völlig abzusondern, gelang mir nicht, da sein Gehalt in Mineralien noch geringer ist. Es wurde jedoch in meinem Labor in fast reinem Zustand gewonnen. Damit stellten wir interessante Versuche an, die sich vor allem auf die Entstehung von Helium beim radioaktiven Zerfall des Poloniums bezogen.

Besondere Aufmerksamkeit mußte ich der Vervollkommnung der Meßmethoden im Laboratorium widmen. Ich habe bereits erwähnt, welche große Bedeutung die Meßgenauigkeit bei der Radiumentdeckung besaß. Es ist anzunehmen, daß die genauen Methoden der Mengenbestimmung zu neuen Entdeckungen führen können. Ich entwickelte eine Methode zur Bestimmung der Radiummenge über den Weg einer Messung des dem Radium entströmenden Gases, das als Emanation bezeichnet wird. Diese in meinem Laboratorium häufig angewandte Methode machte es möglich, sehr geringe Radiummengen völlig exakt zu bestimmen (weniger als eintausendstel Milligramm). Große Mengen werden häufig unter Ausnutzung der Tatsache bestimmt, daß Radium durchdringende, sogenannte γ-Strahlen aussendet. Unser Labor besitzt die für derartige Bestimmungen erforderlichen Einrichtungen. Es ist einfacher und besser, die Radiummenge mit Hilfe der ausgesandten Strahlung zu bestimmen als mit der Gewichtsmethode. Eine derartige Bestimmung erfordert jedoch verläßliche Vergleichsnormale. Daher ist die Frage der Radiumnormale sehr wichtig.

Wenn eine Bestimmung der Radiummenge bei Forschungsarbeiten notwendig ist, muß sie sich auf exakte wissenschaftliche Grundlagen und genaueste Meßergebnisse stützen. Die immer wachsende Verwendung des Radiums für Heilzwecke erfordert ebenfalls diese Genauigkeit. Es ist daher nötig, die Reinheit der im Handel befindlichen Radiumprodukte genau zu kontrollieren. Die ersten Untersuchungen der biologisch wirksamen Eigenschaften des Radiums wurden bereits zu Lebzeiten meines Mannes in Frankreich unter Verwendung der aus unserem Labor stammen den Proben durchgeführt. Es wurden sofort gute Ergebnisse erzielt, und die neue Therapie, genannt Radiumtherapie (in Frankreich: Curietherapie), hat sich in Frankreich und später auch in anderen Ländern schnell verbreitet. Die Verwendung von Radium für diese Zwecke erforderte, Radium im technischen Maßstab zu produzieren. Ein erstes derartiges Herstellungswerk entstand in Frankreich und erzielte sehr gute Ergebnisse. Später wurden ähnliche Fabriken auch in anderen Ländern, vor allem in Amerika, gegründet, wo eine große Menge radiumhaltigen Erzes, genannt Karnolit, zur Verfügung steht. Die Produktion von Radium und seine Verwendung zu Heilzwecken entwickelten sich parallel. Die Heilung verschiedener Krankheiten, insbesondere von Krebs, zeigte immer bessere Erfolge. Es wurden Institute gegründet, die nach der neuen Heilmethode arbeiteten. Manche von ihnen besitzen je einige Gramm Radium, dessen Handelspreis zur Zeit gegen 70 000 Dollar je Gramm beträgt.

Es ist leicht zu begreifen, wie wertvoll für mich die Überzeugung ist, daß unsere Erfindung zu einer Wohltat für die Menschheit wurde, und zwar nicht nur durch ihren großen wissenschaftlichen Wert, sondern auch dadurch, daß dank dieser Erfindung menschliches Leid gelindert und die furchtbare Krankheit, der Krebs, geheilt werden kann. Dies ist wirklich ein herrlicher Preis für unsere jahrelangen großen Anstrengungen.

Die Heilungsergebnisse sind selbstverständlich abhängig von einer genauen Kenntnis der im verwendeten Präparat enthaltenen Radiummenge. Eine genaue Feststellung der Radiummenge betrachte ich deshalb als ebenso wichtig für die Therapie und Industrie wie auch für physikalisch-chemische Forschungen.

Mit Rücksicht darauf wurde eine Kommission einberufen, die aus Gelehrten verschiedener Länder bestand und die festlegte, daß als Grundlage für das internationale Strahlungsnormal eine genau abgewogene Menge reinen Radiumsalzes gelten soll. Weitere Vergleichsnormale sollten für jedes Land hergestellt und mit dem Primärmuster auf der Grundlage einer Messung der Radioaktivität verglichen werden. Mir wurde die Herstellung des Primärnormals anvertraut.

Es war eine sehr schwierige Arbeit, da das sehr geringe Gewicht des Strahlungsnormals (gegen 21 Milligramm Radiumchlorid) mit einer großen Genauigkeit bestimmt werden mußte. Diese Arbeit schloß ich 1911 ab. Das Muster stellt ein dünnes, einige Zentimeter langes Glasröhrchen dar. Es enthält reines Radiumsalz, das zur Bestimmung des Atomgewichtes dient. Das Normal wurde von der Kommission angenommen und bei dem Internationalen Büro für Maß und Gewicht in Sèvres bei Paris aufbewahrt.

Einige anhand des Primärnormals überprüfte Sekundärmuster wurden der Kommission übergeben. In Frankreich erfolgt die Kontrolle der Radiumröhrchen durch Messung ihrer Radioaktivität in meinem Laboratorium, wohin jeder Radium zur Überprüfung bringen kann. In den Vereinigten Staaten von Amerika untersteht dies dem Eichamt.

Gegen Ende 1910 wurde ich ebenso wie früher mein Mann zur Aufnahme in die Ehrenlegion vorgeschlagen. Dieser hatte jedoch als Gegner jeglicher Ehrenabzeichen diesen Orden nicht angenommen. Da unsere Ansichten stets und in allem übereinstimmten, wollte ich auch nicht anders handeln und lehnte die Annahme der Auszeichnung trotz Drängens des Ministeriums ab. Zu der gleichen Zeit versuchten viele Kollegen, mich dazu zu bewegen, für die Pariser Akademie der Wissenschaften, deren Mitglied mein Mann in den letzten Monaten seines Lebens war, zu kandidieren. Ich zögerte lange, da es der Sitte nach üblich ist, daß der Kandidat persönlich viele Besuche bei den Mitgliedern der Akademie abstattet. Endlich stimmte ich mit Rücksicht auf die Vorteile zu, die sich aus meiner Wahl für das Laboratorium ergeben könnten. Meine Kandidatur erweckte ein lebhaftes Interesse und warf grundsätzlich die Frage der Mitgliedschaft von Frauen bei der Akademie auf. Viele Akademiemitglieder bekämpften dies, und schließlich fehlten einige Stimmen zu meiner Wahl.

Nie werde ich meine Kandidatur wiederholen, da ich die dabei notwendigen persönlichen Bemühungen hasse. Ich bin der Meinung, daß eine Aufnahme in die Akademie auf Grund einer Einladung der Akademie und ohne Bemühung des Kandidaten erfolgen muß, wie dies von verschiedenen Akademien und Gesellschaften getan wurde, die mich ohne jegliche Bitte oder Initiative meinerseits in ihr Gremium aufnahmen.

Durch verschiedenartigen Kummer wurde ich 1911 ernstlich krank. Es war zu der Zeit, als ich erneut – diesmal allein – mit dem Nobelpreis ausgezeichnet wurde. Dies war tatsächlich eine ungewöhnliche Ehrung, eine hohe Anerkennung für die Entdeckung neuer Grundstoffe und die Gewinnung reinen Radiums. Trotz meiner Erkrankung begab ich mich nach Stockholm, um den Preis entgegenzunehmen. Die Reise war für mich sehr beschwerlich. Begleitet wurde ich von meiner älteren Schwester und meiner Tochter Irene. Die Zeremonie bei der Überreichung des Preises ist sehr feierlich und trägt die Kennzeichen eines Nationalfeiertages.

Eine herrliche Aufnahme erfuhr ich von seiten der schwedischen Frauen. Alles war äußerst angenehm, doch ich fühlte mich nicht wohl, so daß ich nach meiner Rückkehr einige Monate das Bett hüten mußte. Eine schwere Krankheit und die Notwendigkeit der weiteren Bildung meiner Kinder zwangen mich, von Sceaux nach Paris umzuziehen.

1912 hatte ich Gelegenheit, bei der Gründung des Radiumlaboratoriums durch die Wissenschaftliche Gesellschaft in Warschau mitzuwirken. Es wurde mir die Leitung dieses Laboratoriums angeboten. Obwohl ich Frankreich nicht verlassen und in die Heimat zurückkehren konnte, stimmte ich zu, die Organisation der Forschung an der neuen Einrichtung zu übernehmen. 1913, als sich mein Gesundheitszustand gebessert hatte, konnte ich zu den Eröffnungsfeierlichkeiten nach Warschau fahren. Hier wurde mir ein rührender Empfang bereitet. Unvergeßlich bleibt mir die große Begeisterung meines Volkes, das unter äußerst schwierigen politischen Verhältnissen fähig war, eine nützliche Sache aufzubauen.

Obwohl ich gesundheitlich noch nicht ganz wiederhergestellt war, begann ich erneut mit meinen Bemühungen, ein entsprechendes Laboratorium in Paris zu schaffen. Schließlich wurden sie von Erfolg gekrönt, und der Bau wurde 1912 begonnen. Das Pasteur-Institut äußerte den Wunsch, sich an dem Bau zu beteiligen. Nach Vereinbarung mit der Universität wurde beschlossen, ein Radiuminstitut mit zwei Laboratorien für Physik und Biologie zu schaffen. Das eine sollte sich mit der Erforschung der physikalischen und chemischen Eigenschaften der radioaktiven Körper befassen und das andere mit der Erforschung ihrer biologischen und therapeutischen Verwendung. Wegen der fehlenden Mittel schritt der Bau sehr langsam voran; er war bei Ausbruch des Krieges 1914 noch nicht abgeschlossen.

Ähnlich wie in anderen Jahren fuhren meine Töchter früher als ich von Paris aus in die Sommerferien. Meine Tätigkeit erlaubte es mir gewöhnlich nicht, die gesamten Ferien mit den Kindern zu verbringen. Sie wurden von jemandem begleitet, zu dem ich volles Vertrauen hatte, und wohnten in einem kleinen Häuschen an der Küste der Bretagne, in einer Gegend, wo auch die Familien einiger unserer guten Freunde weilten.

In diesem Jahr hatte ich die Absicht, in den letzten Julitagen dorthin zu fahren, doch hielt mich die Nachricht von der bevorstehenden Mobilmachung davon zurück. Ich war der Meinung, daß man unter diesen Umständen nicht verreisen dürfe, und wartete die weiteren Ereignisse ab. Am 1. August wurde die Mobilmachung erklärt; kurz darauf erfolgte die Kriegserklärung durch Deutschland. Die wenigen Mitarbeiter des Laboratoriums und die Studenten wurden eingezogen. Ich blieb allein mit unserem Mechaniker zurück, der infolge eines schweren Herzleidens nicht zum Militärdienst einberufen werden konnte. Die weiteren geschichtlichen Ereignisse sind allgemein bekannt, doch nur die jenigen, die die August- und Septembertage 1914 in Paris erlebten, sind in der Lage, die wirkliche Geistesverfassung der Hauptstadt und den von ihr bezeugten ruhigen Mut zu beurteilen. Die Mobilmachung lenkte sämtliche Kräfte Frankreichs zur Verteidigung des Landes an die Grenze. Unsere ganze Aufmerksamkeit galt jetzt den Nachrichten von der Front.

Nach den unsicheren ersten Tagen wurden die Nachrichten immer schrecklicher.

Zunächst wurde das neutrale Belgien angegriffen. Dieses kleine Land verteidigte sich heldenhaft. Anschließend erfolgte der rasche Vormarsch der deutschen Armee über die Oise-Niederung gen Paris. Kurz danach verlegte die französische Regierung ihren Sitz nach Bordeaux. Die Leute, die sich nicht der Gefahr einer deutschen Besetzung aussetzen konnten oder wollten, verließen Paris. Die überfüllten Züge brachten viele Menschen, hauptsächlich reiche Leute, in die Provinz. Im allgemeinen jedoch machte die Bevölkerung von Paris in diesem furchtbaren Jahr 1914 einen ruhigen und beherrschten Eindruck.

Ende August und Anfang September war das Wetter wunderbar. Unter dem wolkenlosen Himmel schien die große Stadt mit ihren Schätzen der Architektur den in der Stadt verbliebenen Einwohnern besonders lieb und teuer.

Als die Gefahr eines Angriffs auf Paris größer wurde, hielt ich es für notwendig, den in meinem Laboratorium befindlichen Radiumvorrat an einen sicheren Ort zu bringen. Die Regierung erteilte mir die Weisung, das Radium nach Bordeaux zu schaffen. Ich selbst wollte jedoch bald darauf nach Paris zurückkehren. Ich fuhr mit einem der Züge, die die Mitglieder der Regierung fortbrachten, und kann mich noch gut an das Bild der Landstraße erinnern, die ab und zu vom Zuge aus sichtbar war.

Auf dieser Straße waren lange Reihen von Kraftfahrzeugen zu sehen, in denen ihre Besitzer die Hauptstadt verließen.

Mit einer schweren Tasche, in der sich das durch Blei geschützte Radium befand, kam ich abends in Bordeaux an. Ich konnte die Tasche nicht allein tragen und wartete deshalb auf dem Vorplatz des Bahnhofes. Ein höflicher Beamter, der mit dem gleichen Zug eingetroffen war, half mir, ein Zimmer in einer Privatwohnung zu finden, da die Hotels überfüllt waren. Am Morgen des nächsten Tages beeilte ich mich, das Radium sicher unterzubringen. Es gelang mir, wenn auch nicht ohne Schwierigkeiten, einen Platz in einem Militärzug zu bekommen, der am gleichen Abend nach Paris fahren sollte. Ich hatte Gelegenheit, kurz mit einigen Passanten zu sprechen, die von den angekommenen Reisenden etwas erfahren wollten. Ich merkte dabei, daß sie sehr verwundert waren, als sie jemanden sahen, der eine Rückkehr nach Paris für etwas Natürliches hielt.

Meine Rückkehr war voller Hindernisse. Der Zug blieb mehrmals über mehrere Stunden stehen, und die Reisenden konnten sich nur mit den Brotstücken stärken, die sie von Soldaten erhielten. Als ich schließlich Paris erreichte, erfuhr ich, daß die deutsche Armee kehrtgemacht hatte. Es begann die Schlacht an der Marne. Gemeinsam mit anderen Einwohnern von Paris war ich während dieser großen Schlacht abwechselnd von Hoffnung und Schmerz erfüllt. Sorge bereitete mir auch die Möglichkeit einer längeren Trennung von den Kindern, falls es den Deutschen gelingen sollte, die Hauptstadt einzunehmen. Ich fühlte jedoch, daß ich auf meinem Posten bleiben müsse. Erst nach dem glücklichen Verlauf der Schlacht, als die Gefahr für die Stadt vorüber war, ließ ich meine Töchter von der Bretagne nach Paris kommen, wo sie ihre Studien fortsetzen konnten. Das war auch der sehnlichste Wunsch meiner beiden Töchter. Sie wollten nämlich nicht weit entfernt von mir und von ihren Schulen bleiben, obwohl viele Familien der Auffassung waren, daß es vernünftiger sei, sich in der Provinz, möglichst weit von der Front entfernt, aufzuhalten.

Dem Land zu helfen, war zu jener Zeit die wichtigste Pflicht eines jeden Bürgers. Es gab im allgemeinen keine Weisungen für Universitätsprofessoren. Die Initiative und die Wahl der Handlungsweise waren jedem selbst überlassen. Ich war der Meinung, daß ich am besten täte, meine Kenntnisse in den Dienst der Allgemeinheit zu stellen.

Im August 1914 wurde es klar, daß die Vorbereitungen zur Verteidigung nicht ausreichten. Die öffentliche Meinung empörte sich vor allem über die Mängel bei der Ausrüstung des Gesundheitsdienstes. Auf diese Mängel wurde ich aufmerksam, und ich sah hier für mich das beste Betätigungsfeld. Diese neue Tätigkeit nahm die meiste Zeit und den größten Teil meiner Kraft bis zum Ende der Kriegsstürme und sogar über diese Zeit hinaus in Anspruch. Es ging um die Organisation des radiologischen und radiotherapeutischen Dienstes in Lazaretten. Unabhängig davon mußte ich noch in diesen schweren Kriegsjahren mit meinem Laboratorium in das neue Gebäude des Radiuminstitutes umziehen und, soweit es möglich war, Vorträge halten und gewisse für die Armee wichtige Spezialforschungen durchführen.

Bekanntlich werden die Röntgenstrahlen von den Ärzten zur Untersuchung von Kranken und Verwundeten angewendet. Mit ihrer Hilfe kann man unter anderem Gewehrkugeln und Splitter im menschlichen Körper ausfindig machen und genau lokalisieren, was ihre Beseitigung wesentlich erleichtert. Diese Strahlen weisen auch Veränderungen bei Knochen und inneren Organen nach und machen es möglich, den Verlauf verschiedener Krankheiten zu verfolgen. Die Verwendung der Röntgenstrahlen während des Krieges hat vielen Verwundeten das Leben gerettet, vieles Leid verhindert und Verkrüppelungen vorgebeugt.

Zu Beginn des Krieges besaß das Militärgesundheitsamt keinen organisierten radiologischen Dienst. Der zivile Dienst war nur sehr schwach entwickelt. Die radiologische Apparatur war nur in einigen Hauptkrankenhäusern in Betrieb, und nur in großen Städten gab es einige Fachleute. Die in ganz Frankreich in den ersten Kriegsmonaten eingerichteten neuen Krankenhäuser besaßen in der Regel keine Röntgenapparate.

Um diesen Mangel abzustellen, habe ich zunächst sämtliche Geräte zusammengetragen, die ich in Laboratorien und Lagern finden konnte. So ausgerüstet, ging ich daran, im August und September 1914 einige radiologische Stationen einzurichten, deren Bedienung durch freiwilliges Personal und meine Hinweise gewährleistete. Diese Stationen zeigten sich während der Schlacht an der Marne von großem Nutzen. Da sie jedoch nicht den Anforderungen sämtlicher Krankenhäuser im Pariser Bezirk grecht werden konnten, richtete ich mit Hilfe des Roten Kreuzes ein radiologisches Fahrzeug ein. Es war ein gewöhnliches Tourenauto, das der Beförderung eines kompletten Röntgenapparates und einer Dynamomaschine angepaßt wurde. Die Dynamomaschine wurde von dem Motor des Kraftfahrzeuges angetrieben und lieferte den für die Erzeugung der Röntgenstrahlen erforderlichen Strom. Auf Anforderung konnte man mit diesem Fahrzeug sämtliche Krankenhäuser in der Umgebung von Paris erreichen. Plötzliche Anforderungen kamen häufig vor, da diese Krankenhäuser Kranke zu betreuen hatten, die nicht transportfähig waren.

In kurzer Zeit stellte es sich heraus, daß diese Aktion erweitert werden mußte. Dank der privaten Spenden und mit Hilfe des äußerst aktiven Komitees »Le Patronage National des Blessés«

gelang es mir, diese Aktion im Laufe der Zeit wesentlich zu entwickeln. Dank dieser Anstrengungen entstanden im Wirkungsbereich der französischen und belgischen Armee sowie in den von der Armee nicht besetzten Landesteilen gegen 200 neue oder bedeutend verbesserte radiologische Zentren. Darüber hinaus baute ich im eigenen Laboratorium 20 radiologische Fahrzeuge zusammen und übergab sie der Armee. Die für diesen Zweck erforderlichen Fahrzeuge – und einige davon sogar mit den entsprechenden Einrichtungen – wurden von Privatpersonen geschenkt. Diese Fahrzeuge haben der Armee große Dienste geleistet. Die erwähnten Zentren hatten insbesondere in den ersten zwei Kriegsjahren, solange die Armee über wenig radiologische Einrichtungen verfügte, eine große Bedeutung. Sobald die Vorteile der in privater Initiative geschaffenen Stationen offensichtlich wurden, organisierte das Sanitätsamt ein eigenes radiologisches Netz. Der Bedarf der Armee war jedoch dermaßen groß, daß sich meine Mitarbeit bis zum Kriegsende und sogar darüber hinaus als notwendig erwies.

All das hätte ich nicht schaffen können, ohne den Bedarf der Ambulatorien und Krankenhäuser zu kennen. Dank der Hilfe des Roten Kreuzes und der wohlwollenden Einstellung des Militärgesundheitsamtes durfte ich viele Militärbezirke und andere Gegenden des Landes aufsuchen. Ich besuchte mehrmals die Ambulatorien der nördlichen Armeen und des belgischen

Bezirkes in Amiens, Calais, Dünkirchen, Furnes und Poperinghe. Ich fuhr auch nach Verdun, Nancy, Lunéville, Belfort, Compiègne und Villers-Cotterêts. In Gegenden, die von der Front weiter entfernt lagen, betreute ich viele Krankenhäuser, die bei schlechter Ausrüstung sehr viel zu tun hatten. Als wertvolle Andenken aus dieser Zeit bewahre ich viele Briefe mit aufrichtiger Anerkennung seitens derer auf, denen ich bei Schwierigkeiten behilflich war.

Meine Reisen erfolgten gewöhnlich auf Anforderung von Chirurgen. Bei den Fahrten benutzte ich das radiologische Fahrzeug, das zu meiner persönlichen Benutzung bestimmt war. Während der Untersuchungen in den Krankenhäusern erfuhr ich Näheres über den Bedarf des betreffenden Bezirkes. Ich fuhr nach Paris zurück und versuchte, das für die Beseitigung der Mängel erforderliche Gerät zu beschaffen, und kehrte zurück, um es persönlich aufzubauen, da häufig niemand da war, der dies an Ort und Stelle machen konnte. Ich mußte dann entsprechende Leute finden, denen ich den Apparat anvertrauen konnte, und genau erklären, wie er zu bedienen ist. Nach einigen Tagen schwieriger Arbeit hatte sich gewöhnlich die gewählte Person so viel Kenntnisse angeeignet, um selbständig mit dem Apparat arbeiten zu können. Gleichzeitig wurde eine bedeutende Anzahl von Kranken untersucht. Darüber hinaus konnten sich die örtlichen Chirurgen von dem Nutzen der radiologischen Untersuchung überzeugen, wovon bisher nur einige von ihnen recht und schlecht eine Ahnung hatten. Die bei dieser Gelegenheit angeknüpften herzlichen Beziehungen haben mir später meine weitere Arbeit erleichtert.

Auf vielen meiner Reisen begleitete mich meine ältere Tochter Irene. Sie war damals 17 Jahre alt und begann nach Abschluß der Oberschule das Studium an der Sorbonne. Da sie den Wunsch hatte, sich nützlich zu betätigen, besuchte sie einen radiologischen und einen Krankenpflegerlehrgang. Sie bemühte sich eifrig, mir bei jeder Gelegenheit so viel wie möglich zu helfen. Sie arbeitete in Ambulatorien an der Front zwischen Fumes und Ypres sowie in Amiens und erhielt von den Vorgesetzten Anerkennungszeugnisse. Auch wurde sie nach dem Kriege mit einer Medaille ausgezeichnet.

Aus dieser Zeit haben meine Tochter und ich viele Erinnerungen. Die Reisebedingungen waren damals äußerst schwierig. Häufig gab es keine Sicherheit, ob man das Reiseziel erreichen würde, ganz und gar zu schweigen von Übernachtung und Verpflegung. Am Ende wendete sich doch irgendwie alles zum Guten durch unsere Beharrlichkeit und dank dem guten Willen der Mitmenschen. Ganz gleich, wohin wir fuhren, stets mußte ich persönlich jede Einzelheit überwachen und unzählige Militärkommandanten aufsuchen, um Pässe und Reisegenehmigungen zu bekommen. Ich selbst habe häufig, natürlich mit Hilfe anderer, meinen Apparat in einen Güterwagen verladen, um sicher zu sein, daß er mitkäme und nicht auf dem Bahnhof zurückbliebe. Am Ziel angekommen, begab ich mich zum Bahnhof, um den Apparat auszuladen.

Während der Reisen mit dem radiologischen Fahrzeug hatte ich andere Sorgen. Es war notwendig, Unterkunft für das Fahrzeug und für die Gehilfen zu finden sowie Ersatzteile für das Kraftfahrzeug zu besorgen. Da es an Kraftfahrern mangelte, lernte ich Autofahren und fuhr notfalls allein.

Die Apparate waren stets betriebsfertig, weil ich sie selbst pflegte. Auf eine Beantwortung der Anfragen an das Zentrale Gesundheitsamt mußte man dagegen häufig lange warten. So wurde meine Hilfe von den Militärärzten insbesondere bei plötzlichen Bedarfsfällen sehr geschätzt.

Meine Tochter und ich erinnern uns gern an das Krankenhauspersonal. Wir hatten die besten Beziehungen sowohl zu den Chirurgen wie auch zu den Krankenschwestern. Diese Männer und Frauen waren wirklich zu bewundern. Sie achteten nicht darauf, daß die Arbeit manchmal ihre Kräfte überstieg. Die Zusammenarbeit mit ihnen war leicht, da meine Tochter und ich bemüht waren, genau so wie die anderen zu handeln. Es entstanden zwischen uns freundschaftliche Beziehungen.

Nichts war jedoch so ergreifend wie der Kontakt mit den Verwundeten und ihre Pflege. Ihr Leid und die Geduld, mit der sie dieses Leid ertrugen, brachte uns einander nahe. Fast jeder von den Verwundeten tat alles, um uns die radiologische Untersuchung zu erleichtern, obgleich ihnen jede Veränderung der Körperlage Schmerzen bereitete. Es war sehr leicht, mit ihnen Verbindung herzustellen und einige freundliche Worte auszutauschen. Eine derartige Untersuchung nicht gewohnt, baten sie uns meistens, ihnen die Bedeutung des eigenartigen Gerätes zu erklären.

Niemals werde ich den furchtbaren Eindruck vergessen, den der Anblick einer derartigen Zerstörung des Menschenlebens und der menschlichen Gesundheit auf mich machte. Allein um selbst die Idee des Krieges zu hassen, genügt es, nur einmal das zu sehen, was ich so oft in diesen Jahren gesehen habe: Männer und Jünglinge, die in einem Gemisch von Schmutz und Blut in die Frontambulatorien eingeliefert wurden.

Viele von ihnen erwartete ein baldiger Tod, viele wiederum waren für Monate zu Schmerzen und Leiden verurteilt.

Eine der schwierigsten Aufgaben war es, geschulte Kräfte für die Bedienung meiner Apparate zu finden. Zu Beginn des Krieges war die Kenntnis der Radiologie wenig verbreitet. Der Apparat in den Händen eines Unerfahrenen geriet schnell außer Takt und wurde unbrauchbar. Die Bedienung der radiologischen Apparate erforderte während des Krieges in den meisten Krankenhäusern keine medizinischen Kenntnisse. Jeder intelli-

gente Mensch, der in der Lage ist zu lernen und ein wenig Ahnung von elektrischen Geräten besitzt, kann mit der Bedienung der Apparate vertraut gemacht werden. Lehrer, Ingenieure und Hörer der Hochschulen wurden zu guten Mitarbeitern. Ich suchte mir solche aus, die entweder zeitweilig vom Militärdienst befreit waren oder in der Gegend Dienst hatten, wo sie von mir benötigt wurden. Es kam jedoch häufig vor, daß sie versetzt wurden, so daß ich neue Mitarbeiter suchen mußte. Aus diesem Grunde beschloß ich, Frauen für diese Tätigkeit zu gewinnen.
Zu diesem Zweck machte ich dem Gesundheitsamt den Vorschlag, eine radiologische Abteilung bei der neu entstandenen Krankenschwesternschule beim Edith-Cavell-Krankenhaus einzurichten. Dem wurde zugestimmt, und 1916 wurden beim Radiuminstitut Lehrgänge eröffnet, die in den nächsten Kriegsjahren 150 Helferinnen ausbildeten. Die meisten Schülerinnen besaßen kaum eine Grundschulbildung. Bei einer richtigen Lernmethode konnten sie jedoch mitkommen. Nach Möglichkeit wurde die Theorie eingeschränkt, und die praktischen Übungen wurden bedeutend ausgebaut. In das Lehrprogramm wurde auch ein wenig Anatomie einbezogen. Das Unterrichten wurde von einigen Menschen guten Willens, darunter auch von meiner Tochter, übernommen. Unsere Absolventinnen wurden nach einiger Zeit ausgezeichnete Mitarbeiterinnen, die das Gesundheitsamt aufrichtig schätzte. In der Regel wurden sie

den Ärzten zur Hilfe zugeteilt. Es stellte sich jedoch heraus, daß viele von ihnen in der Lage waren, selbständig zu arbeiten.

Längere und verschiedenartige Erfahrungen auf dem Gebiet der Kriegsradiologie bewegten mich dazu, das Buch »Radiologie und Krieg« zu schreiben. In diesem Buch habe ich mich bemüht, die große Bedeutung der Radiologie aufzuzeigen und ihre Entwicklung während des Krieges mit der Vorkriegsverwendung zu vergleichen.

Nun möchte ich von der Gründung der Abteilung Radiotherapie beim Radiuminstitut berichten.

1915 wurde das aus Sicherheitsgründen nach Bordeaux ausgelagerte Radium nach Paris zurückgebracht. Mit Rücksicht auf die fehlende Zeit für systematische, wissenschaftliche Forschungen beschloß ich, das Radium zum Heilen der Verwundeten zu verwenden. Ich wollte einen Verlust des wertvollen Stoffes nicht riskieren und stellte daher nicht das Radium selbst zur Verfügung des Gesundheitsamtes, sondern nur die Emanation, die man in gewissen konstanten Zeitabständen aus dem Radium erhält. Die Anwendung der Emanation ist einfach und in größeren Radium-Heilanstalten möglich. In mancher Hinsicht ist die Anwendung der Emanation vorteilhafter als die des Radiums. In Frankreich gab es jedoch kein großes Institut für Radiotherapie, und in den Krankenhäusern wurde keine Emanation angewandt.

Dem Gesundheitsamt schlug ich vor, regelmäßig Röhrchen mit Radiumemanation zur allgemeinen Verfügung bereitzustellen. Diesem Vorschlag wurde zugestimmt, und die 1916 gegründete »Abteilung Emanation« bestand bis zum Kriegsende und darüber hinaus. Da mir keine Gehilfen zur Verfügung standen, mußte ich längere Zeit die Emanationsröhrchen selbst herstellen, was eine sehr komplizierte Arbeit ist. Viele Verwundete und Kranke, Militärpersonen und Zivilisten würden mit Hilfe dieser Röhrchen geheilt.

Während der Bombenangriffe auf Paris wurden von dem Gesundheitsamt besondere Maßnahmen getroffen, um das Laboratorium, in dem die Emanation aufbereitet wurde, vor der Zerstörung zu schützen. Da eine Berührung mit dem Radium eine Gefahr bedeutet – ich selbst fühlte mich häufig unwohl, meiner Meinung nach aus diesem Grunde – kamen Mittel zur Anwendung, die die mit der Emanationsgewinnung Beschäftigten gegen die schädliche Einwirkung der Strahlen schützen sollten.

Obgleich die Tätigkeit für die Krankenhäuser mich am meisten beanspruchte, hatte ich damals noch viele andere Aufgaben. Nach dem Zusammenbruch der deutschen Offensive im Sommer 1918 begab ich mich auf Ersuchen der italienischen Regierung nach Italien, um natürliche Vorkommen radiumhaltiger Erze zu untersuchen. Während meines Aufenthaltes in Italien, der einen Monat dauerte, gelang es mir, die Behörden dafür zu interessieren und ihre Aufmerksamkeit auf den Wert der vorhandenen Vorkommen zu lenken.

1915 verlagerte ich das Laboratorium in das neue Gebäude in der Pierre-Curie-Straße. Das war eine schwierige und ermüdende Aufgabe, umso mehr, als es wiederum an Geld und Hilfe fehlte. So konnte ich zwischen den einzelnen Reisen nur allmählich die Laboreinrichtungen mit meinem radiologischen Fahrzeug überführen. Später mußte ich wiederum viel Arbeit für die Klassifizierung und Unterbringung der Stoffe aufwenden. Den neuen Raum richtete ich lediglich mit Hilfe meiner Tochter Irene und eines Mechanikers ein, der außerdem noch häufig krank war.

Vor allem bemühte ich mich darum, auf der kleinen, mein Labor umgebenden Fläche Bäume anzupflanzen. Ich wollte, daß meine Augen im Frühling und Sommer sich an dem Grün der Bäume erfreuten. Es ging mir auch darum, den Menschen, die in dem neuen Gebäude beschäftigt werden sollten, das Arbeiten angenehm zu machen. Wir pflanzten einige Linden und Platanen an, ohne die Blumenbeete und die Rosen zu vergessen. Ich erinnere mich gut an den ersten Tag der Beschießung von Paris aus einer großen deutschen Kanone. Frühmorgens gingen wir mit der Tochter auf den Blumenmarkt. Den übrigen Tag verbrachten wir bei der Arbeit in unserem Garten, ohne auf die

Geschosse zu achten, die ab und zu in unserer Nähe einschlugen.

Trotz aller Schwierigkeiten wurde das Laboratorium nach und nach eingerichtet, und ich freute mich sehr darüber, daß es zu Beginn des Schuljahres 1919/1920, also zur Zeit der Demobilisierung, bereits fertig war. Im Frühjahr 1919 veranstaltete ich Speziallehrgänge für eine Anzahl Studenten, die mit großem Eifer ihre praktischen Übungen, auch unter Anleitung meiner Tochter Irene, durchführten.

Der Krieg war für mich wie auch für viele andere eine Zeit großer Strapazen. Ich hatte fast keine Erholung mit Ausnahme der wenigen und kurzen Reisen zum Besuch meiner Töchter während ihrer Ferien. Meine ältere Tochter wollte ebenfalls nicht ausspannen. Schließlich mußte ich sie mit Rücksicht auf ihren Gesundheitszustand zum Verreisen zwingen. – Sie selbst studierte weiter an der Sorbonne und half mir – wie bereits erwähnt – bei meiner Arbeit für die Armee. Die jüngere Tochter ging noch in die Oberschule. Beide wollten Paris während der Bombenangriffe nicht verlassen. Nach über vier Kriegsjahren mit ungeheuren Zerstörungen kam es endlich im Herbst 1918 zum Waffenstillstand; es wurden Bemühungen unternommen, um den Frieden wiederherzustellen, der bis heute weder vollständig noch allgemein ist.

Mit großer Freude begrüßte Frankreich das Ende dieser schweren Zeit mit den furchtbaren Verlusten. Der Schmerz war jedoch zu frisch und das Leben zu hart, als daß man von einer Wiederkehr der Ruhe und des Glückes auf der Erde sprechen konnte.

Wenn auch der Krieg so zahlreiches Leid verursacht und den Tod so vieler Menschen gefordert hatte, brachte mir persönlich der Sieg doch große Freude. Ich war stets von dem Gedanken erfüllt, wenn ich auch wenig daran glauben konnte, eine Wiedergutmachung der meinem Vaterland angetanen Ungerechtigkeit und Schmach zu erleben, der Schmach, daß meine Heimat und mein Volk unter die Feinde aufgeteilt war und über ein ganzes Jahrhundert in Unfreiheit leben mußte. Ich hätte von der verdienten Wiedergeburt des polnischen Volkes geträumt, das seine ruhmreiche Vergangenheit trotz der langdauernden, fast hoffnungslosen Unterdrückung nie vergessen hatte. Erst das über Europa tobende Gewitter brachte die Erfüllung dieses so schwer erfüllbaren und gleichzeitig mir so teuren Traumes. Unter bereits veränderten Umständen fuhr ich nach Warschau, um nach einer langen Trennung meine Familie wiederzusehen und die freie Hauptstadt Polens zu besuchen. Doch wie schwierig waren noch die Lebensbedingungen in der neuen Republik Polen und welch große organisatorische Aufgaben standen nach so vielen Jahren der Unfreiheit bevor!

In Frankreich, das teilweise zerstört wurde und unter dem Verlust so vieler Bürger leidet, sind 1922 die durch den Krieg verursachten Schäden noch nicht ganz beseitigt, und die Rückkehr zu einer normalen Arbeit erfolgt nur allmählich. Die wissenschaftlichen Laboratorien spüren dies sehr, und das Radiuminstitut bildete hierbei keine Ausnahme.

Einige radiologische Organisationen, die während des Krieges gegründet worden waren, bestehen immer noch. Auf das Ersuchen des Gesundheitsamtes blieb die radiologische Schule für Krankenschwestern bestehen. Die Emanationsabteilung wurde bedeutend erweitert. Die Leitung dieser Abteilung übernahm Dr. Regaud, Direktor der Pasteur-Anstalt beim Radiuminstitut. Diese Abteilung entwickelte sich weiter. Es entsteht eine große Radiotherapieanstalt sozialen Charakters.

Seit der Demobilisierung und der Rückkehr des Personals und der Studenten ist eine wesentliche Belebung der Laborarbeit zu verzeichnen. Doch infolge der schwierigen Lage des Landes sehe ich keine Methoden und Mittel für eine weitere schnelle Entwicklung. Vor allem fehlt ein besonderes Krankenhaus für Radiotherapie und – neben der in Paris – eine entsprechend eingerichtete und ausgestattete Versuchsstation, die für Fortschritte auf dem Gebiet der Radioaktivität erforderlich wäre.

Ich bin nicht mehr jung, und ich überlege oft, ob ich es mit Unterstützung der Regierung und einiger Privatspenden schaffe, irgendwann das Radiuminstitut auf ein Niveau zu bringen, das dem Andenken an Pierre Curie entsprechen und die Aufgaben im Dienste der höchsten Bedürfnisse der Menschheit erfüllen würde. Ein wertvoller Ansporn wurde mir dabei im Jahre 1921 zuteil. Auf die edle Initiative der Frau W. B. Meloney sammelten amerikanische Frauen einen bedeutenden Betrag für den »Radiumfonds Marie Curie« und schenkten mir ein Gramm Radium zu meiner ausschließlichen Verfügung. Frau Meloney lud mich und meine Töchter nach Amerika ein. Dort sollte mir das Radium oder ein Symbol des Geschenkes durch den Präsidenten der großen Republik im Weißen Haus überreicht werden.

Dieser Fonds wurde aus Beiträgen und Spenden gebildet, unter denen sich sowohl große als auch kleine befanden. Für diesen herzlichen Beweis der Sympathie war ich den amerikanischen Frauen sehr dankbar.

Nach den mir zu Ehren in der Pariser Oper veranstalteten Feierlichkeiten trat ich Anfang Mai die Reise nach New York an.

Mit Dankbarkeit denke ich an den mehrwöchigen Aufenthalt in den Vereinigten Staaten und an die ergreifenden Empfänge im Weißen Haus zurück, in dem mich Präsident Harding in herzlichen und schönen Worten begrüßte. Ebenso erinnere ich mich dankbar der Besuche der Universitäten und Kollegien, wo man mich herzlich empfing und mir Ehrentitel verlieh, sowie der öffentlichen Versammlungen, in denen ich das tiefe Wohlwollen von seiten der Anwesenden und Gratulanten empfunden habe.

Ich hatte auch Gelegenheit, die Niagara-Wasserfälle und den Grand Canyon zu besichtigen, und war voller Bewunderung und Begeisterung für diese Naturwunder.

Mein Gesundheitszustand erlaubte es nicht, den für meine Besuche in Amerika vorgesehenen Plan voll zu erfüllen. Ich habe jedoch viel gesehen und viel gelernt. Meine Töchter haben voll und ganz den Reiz des unerhofften Ausfluges genossen. Die mir zuteil gewordene Anerkennung erfüllte sie mit Stolz. Ende Juni fuhren wir nach Europa ab und nahmen mit aufrichtigem Bedauern Abschied von vielen neuen, unvergessenen Freunden.[3]

Zu der Arbeit, die durch die wertvolle Schenkung erleichtert wurde, kehrte ich mit frischer Energie und neuem Mut zurück. Da ich aber immer noch gegen die fehlenden Mittel zu kämpfen hatte, kehrten meine Gedanken häufig ungewollt zu der grundsätzlichen Frage zurück: welche Stellung ein Gelehrter im Verhältnis zu seinen Erfindungen einnehmen soll.

Mein Mann und auch ich selbst waren stets dagegen, irgendwelche materiellen Vorteile aus unserer Erfindung zu ziehen. Von

---

[3] 1929 wurde Marie Skłodowska-Curie erneut nach Amerika eingeladen, um ein für ihr Radiuminstitut in Warschau geschenktes Gramm Radium entgegenzunehmen. (Anm. d. Verl. d. poln. Ausgabe.)

Anfang an haben wir die Methode der Radiumgewinnung mit allen Einzelheiten veröffentlicht. Wir haben kein Patent angemeldet und sicherten uns keine Vorteile bei den Produzenten.
Wir haben keine Einzelheiten geheim gehalten, und nur dank der Ausführlichkeit unserer Veröffentlichungen konnte die Radiumindustrie eine schnelle Entwicklung nehmen. Bis zum heutigen Tag hat sich bei den Produktionsmethoden fast nichts im Vergleich zu den von uns angegebenen Methoden geändert. Die Bearbeitung der Mineralien und die Teilchenkristallisation erfolgt immer noch in der gleichen Weise, wie ich es in meinem Labor getan habe, unabhängig von den zur Verfügung stehenden materiellen Mitteln. Das gesamte von mir aus dem Erz gewonnene Radium, das ich in den ersten Jahren meiner Arbeit gewinnen konnte, habe ich voll und ganz dem Laboratorium des Institutes zur Verfügung gestellt.
Der Preis des Radiums ist mit Rücksicht auf den geringen Radiumgehalt der aufbereiteten Mineralien sehr hoch. Der Gewinn aus der Radiumproduktion dürfte darüber hinaus wegen sicherer Absatzmöglichkeiten für den Bedarf der Medizin sehr gut sein. Durch den Verzicht auf materielle Vorteile aus der Entdeckung opferten wir somit ein Vermögen, das auch unseren Kindern zugute kommen könnte. Das war unsere Überzeugung und unser Wille. Mit Recht machten viele unserer Freunde uns darauf aufmerksam, daß wir durch Ausnutzung unserer Entde-

ckung die Möglichkeit gehabt hätten, ein ausgezeichnetes Institut zu schaffen und damit die vielen Hindernisse zu beseitigen, die für uns beide eine große Belastung waren und es noch heute für mich sind. Trotz allem bin ich der Auffassung, daß wir richtig gehandelt haben.

Die Menschheit braucht sicherlich praktisch denkende Menschen, die zwar für die Bedürfnisse der Allgemeinheit arbeiten, dabei aber vor allem an ihre eigenen Ziele denken. Sie braucht jedoch auch Schwärmer, deren Drang, gesteckte Ziele zu erreichen, derartig groß ist, daß sie ihre persönlichen Interessen völlig außer acht lassen, daß sie gar nicht in der Lage sind, an eigene materielle Vorteile zu denken. Man könnte auch sagen, daß diese Idealisten vielfach keinen Reichtum gewinnen, weil sie ihn nicht erstreben. Es scheint jedoch, daß eine fortgeschrittenere Gesellschaft die entsprechenden Mittel für eine erfolgreiche Tätigkeit dieser Schwärmer sicherstellen müßte, damit sie, befreit von materiellen Sorgen, sich voll und ganz dem Dienste der Wissenschaft widmen können.

WICHTIGE VERÖFFENTLICHUNGEN VON MARIE CURIE

1. Propriétés magnétiques des aciers trempés. Compt. rend., 125, 1165 (1897).
2. Rayons émis par les composés de l'uranium et du thorium. Compt. rend., 126, 1101 (1898).
3. Zusammen mit Pierre Curie. Sur une substance nouvelle radioactive, contenue dans la pechblende. Compt. rend., 127, 175 (1898).
4. Zusammen mit Pierre Curie und G. Bémont. Sur une nouvelle substance fortement radioactive, contenue dans la pechblende. Compt. rend., 127, 1215 (1898).
5. Zusammen mit Pierre Curie. Sur la radioactivité provoquée par les rayons de Becquerel. Compt. rend., 129, 714 (1899).
6. Sur le poids atomique du métal dans le chlorure de baryum radifère. Compt. rend., 129, 760 (1899).
7. Zusammen mit Pierre Curie. Effets chimiques des rayons du radium. Compt. rend., 129, 823 (1899).
8. Les rayons de Becquerel et le polonium. Rev. Géné. des Sc., 10, 41 (1899).
9. Le Polonium et le Radium. Rev. Chim. pure et appliquée, 1, 265 (1899).
10. Zusammen mit Pierre Curie. Sur la charge électrique des rayons déviables du radium. Compt. rend., 130, 647 (1900).
1. Sur le poids atomique du baryum radifére. Compt. rend., 131, 382 (1900).
12. Sur le poids atomique du radium. Compt. rend., 135, 161 (1902).
13. Recherches sur les substances radioactives. Thèse de doctorat presentée à la Faculté des Sciences de Paris. Paris 1903.
14. Recherches sur les substances radioactives. Ann. Chim. Phys., (7) 30, 99, 145, 289 (1903). In deutscher Übersetzung: Untersuchungen über radioactive Substanzen. Braunschweig 1904.
15. über den radioaktiven Stoff »Polonium«. Phys. Z., 4, 234 (1903).
16. Les théories modernes relatives à l'électricite et à la matière. Lecon d'ouverture du cours fait à la Sorbonne. Revue Scientifique, (5), 6, 609 (1906).
17. Sur le poids atomique du radium. Compt. rend., 145, 422 (1907). Le Radium, 4, 349 (1907).
18. Action de la pesanteur sur le dépôt de la radioactivité induite. Compt. rend., 145, 477 (1907). Le Radium, 4, 381 (1907).
19. Sur la condensation de la vapeur d'eau en présence de l'emanation du radium. Compt. rend., 145, 1145 (1907).

20. Über das Atomgewicht des Radiums. Jahrbuch der Radioaktivität und Elektronik, 6, 38 (1909).
21. Zusammen mit A. Debierne. Sur le polonium. Compt rend., 150, 386 (1910). Le Radium, 7, 38 (1910).
22. Zusammen mit A. Debierne. Sur le radium métallique. Compt. rend., 151, 523 (1910). In deutscher Übersetzung: Über das metallische Radium. Chem. Zeit., 34, 969 (1910).
23. Sur la mesure de la constante de l'émanation du radium. Le Radium, 7, 33 (1910).
24. Dosage du radium par la mesure de l'émanation degagée. Le Ra-dium, 7, 65 (1910).
25. Traité de Radioactivité. Teil I und II. Gauthier-Villars, Paris 1910. In deutscher Übersetzung: Die Radioaktivität, 2. Bd., 1912.
26. Darstellung der reinen Radiumsalze. (Aus »Die Radioaktivität«, Akad. Verlagsgesellschaft, Leipzig 1911.) Zeit. Angew. Chem., 24, 343 (1911).
27. Sur la variation avec le temps de l'activité de quelques substances radioactives. Le Radium, 8, 353 (1911).
28. Les mesures en radioactivité et l'étalon du radium. J. Phys., 2, 795 (1912).
29. Les radio-éléments et leur classification. Rev. du Mois, 1914. Le Radium, 11, 236 (1914-1919).
30. Les radio-éléments et leurs applications. Revue Scientifique, 58, 609 (1920).
31. La radiologie et la guerre. Librairie Félix Alcan, Paris 1921.
32. Sur le rayonnement gamma et le dégagement de chaleur du radium et mésothorium. Compt. rend., 172, 1022 (1921).
33. La loi fondamentale de transformation des radioéléments et les constantes radioactives. Jubiläumsschrift zu Ehren von Kamerlingh Onnes, 11. November 1922.
34. L'isotopie et les éléments isotopes. Conf. Rapp. Presses Universi-taires, 1923.
35. Le Radium, sa découverte, ses possibilités. Artikel in »Encyclopaedia Britannica« - These Eventful Years.
36. Pierre Curie intime. Revue Bleue, 61, 217 (1923).
37. Appareil destine`1ä mesurer l'intensité d'une source de rayons alpha. J. Chim. Phys., 22, 142 (1925).
38. Sur la préparation de divers radioélements jusqu'à present peu ou point utilisés en médecine. Comm. à l'Acad. de Médecine, 23 Avril 1925; Bull. de l'Acad. de Médecine, 93, 417 (1925).
39. Sur l'application de la théorie de Compton au rayonnement beta et gamma des corps radioactifs. J. Phys. Radium, (6), 7, 97 (1926).
40. Zusammen mit Irène Curie. Radium. Artikel in »Encyclopaedia Britannica«, herausgeg. von 1926 an.

41. Sur l'étude des courbes de probabilité relatives à l'action des rayons X sur les bacilles. Compt. rend., 198, 202 (1929).

42. Les radioéléments et leur classification. Ein Band aus der Reihe: »Les progrès de la physique moléculaire«, Gauthiers-Villars, Paris 1929.

43. Sur l'actinium. J. Chim Phys., 27, 1 (1930).

44. Zusammen mit S. Cotelle. Sur la vie moyenne de l'ionium. Compt. rend., 190, 1289 (1930).

45. Sur la production de radium par l'ionium. J. Chim. Phys., 27, 347 (1930).

46. Zusammen mit S. Rosenblum. Sur la structure fine du spectre magnétique des rayons alpha du radioactinium. Compt. rend., 194, 1232 (1932).

47. Les rayons des corps radioactifs en relation avec la structure nucléaire. Rapport au Congrès International d'Electricité Paris, 2, 809 (1932).

48. Zusammen mit P. Savel. Sur l'émission des rayons gamma par l'actinium et des dérivés. J. Phys. Radium, (7), 4, 457 (1933).

49. Les rayons alpha, beta et gamma des corps radioactifs en relation avec la structure nucléaire. Ein Band aus der Reihe: »Actualités scientifiques et industrielles«. Nr. 62. Hermann Co., Paris (1933).

50. Radioactivité. Hermann, Paris (1935).

Das Versandantiquariat
im ehemaligen Naturfreundehaus Nimmertal

Wimbauer Buchversand
Inh. Tobias Wimbauer
Nimmertal 75, 58091 Hagen
info@wimbauer-buchversand.de
www.wimbauer-buchversand.de
Tel. 02337-4852560 (Anrufbeantworter)
Fax 03212-5028261